MON JARDIN AU NATUREL

Santé, bien-être, vie quotidienne, cuisine, parentalité, psychologie, développement personnel, nature, loisirs et plus encore...

Suivez-nous sur Instagram :

@albinmichel_et_moi

JE FAIS TOUT MOI-MÊME !

Brigitte Lapouge-Déjean

MON JARDIN AU NATUREL

Plus de 50 techniques et recettes

Illustrations de Claire Morel Fatio

Albin Michel

SOMMAIRE

AVANT DE COMMENCER

RETOUR AUX SOURCES

À une époque où notre société de consommation remet en question un grand nombre de ses certitudes, il paraît opportun de se tourner vers des valeurs sûres comme la terre. Revenons vers les principes de base d'un jardinage naturel où créer s'entend pour longtemps et où les végétaux ne jouent plus un rôle de décoration éphémère mais participent à notre éthique de vie.

Jardiner naturellement, ce n'est pas simplement remplacer un produit issu de l'industrie de chimie de synthèse par un autre plus vertueux. Nous devons avoir une vision plus globale de cette activité et, pour une pleine réussite, l'allier aux interactions avec notre environnement. Par exemple, pulvériser du savon noir peut avoir des conséquences sur la vie d'un jardin et impacter des insectes utiles comme les chrysopes ou les coccinelles. Désherber au sel n'est pas toxique en soi mais prive l'accenteur mouchet - un oiseau fort utile - de ses graines de pâturin, et les carabes de leur parcours alimentaire.

Jardiner bio, c'est aller plus loin, avoir une vision d'ensemble sur le long terme. C'est tenir compte des « contraintes » du sol et du climat, c'est-à-dire de tout ce qui conduit à la biodiversité et à la pluralité des formes de jardin. Tout jardin ne peut être qu'unique, histoire de passion, de lieu, de sol. Nous allons nous attacher à travers cet ouvrage à lui apporter les petits plus en termes d'accueil des insectes, des oiseaux, de toute la petite faune auxiliaire qui signeront son identité.

Tout jardin, pour tenir ses promesses, s'allie à la nature pour la rejoindre dans ses équilibres aussi précieux que précaires face à la pression des activités humaines. Réussir son jardin aujourd'hui, c'est en prendre soin à l'aide de préparations à base de plantes, d'argile, de produits simples que chacun utilise à la maison et peut se procurer facilement.

Nous commencerons par voir les fondamentaux d'un jardinage respectueux de la nature. Rien de trop technique ni de trop dispendieux, juste les connaissances de base pour se lancer en confiance. La suite fera la part belle aux gestes techniques, aux recettes de préparations « maison », à travers une cinquantaine de fiches, qui représentent toutes une réponse à une problématique de la vie de votre jardin. Beaucoup de gestes préventifs, de soins pour fortifier mais aussi des traitements pour répondre vite et efficacement aux problèmes que vous pourriez rencontrer.

L'objectif de ce livre est de remettre le jardinier au cœur des décisions pour qu'il retrouve le plaisir de faire lui-même, d'affiner ses pratiques. En stimulant son sens de l'observation, de l'expérimentation, il va renouer avec l'environnement, afin que le jardin redevienne l'oxygène de son quotidien. Un grand changement par rapport aux pratiques plus radicales de ces dernières décennies !

LES BASES D'UN JARDINAGE NATUREL

1. ORGANISER L'ESPACE POUR SIMPLIFIER

Avant de débuter son jardin, comme dans tout projet, il est utile d'en dresser les grandes lignes, de tracer un cadre pour ne pas s'y perdre en travaux inutiles ou mal synchronisés. La première chose consiste à dimensionner le jardin « cultivé » selon le temps dévolu à son entretien et l'eau disponible pour les futurs arrosages. Par la suite, il sera important d'enherber ou de planter des bosquets d'essences sauvages ultrarésistantes, ce qui ne représente pas une option au rabais mais un choix raisonnable qui fera le bonheur de toutes sortes d'insectes et d'animaux fort utiles.

Le premier écueil à éviter est celui de la précipitation. Notre société nous a appris à répondre à nos désirs par l'achat coup de cœur, souvent impulsif… Le jardinage n'échappe malheureusement pas à cette tendance ! Nous avons trop souvent l'habitude de planter sans réflexion préalable quelques potées rapidement balayées par un coup de gel ou un sol inadapté. La saisonnalité de plantations peu durables conduit à un important gâchis et nous fait oublier que les végétaux sont des êtres vivants dont les pépiniéristes nous confient l'avenir. La réussite ne se mesure pas en termes de collection mais à l'aune d'une connaissance de notre environnement, de ses atouts et de ses contraintes. La première action sera donc plutôt un temps d'observation et de prise de notes car il est plus facile de retravailler un projet au crayon sur papier qu'à la bêche !

Pour vous aider dans votre organisation, la permaculture propose une vision de la gestion de l'espace très intéressante et facilement reproductible. Elle fonctionne par zones. Rien que du bon sens !

ZOOM : Réalisez le plan de votre jardin

Pour réaliser un plan à l'échelle 1/100 [1 cm = 1 m], servez-vous du plan de masse ou d'implantation de votre maison qui donnera déjà les indications les plus importantes (réseaux, fosses, canalisations), puis tracez les grandes lignes de votre projet : arbres, haies, bosquets, potager, massifs, terrasse, mare, etc.
Dans le même temps, notez l'axe des vents froids dont il faudra s'abriter par une haie champêtre, des vents chauds et desséchants nécessitant des arbres d'ombrage ; notez la course du soleil au fil des mois, les zones d'ombre et de soleil, les vues intéressantes à laisser dégagées…
Attention : trop d'objectifs dans le projet finit par épuiser les jardiniers !
Travailler en famille pour impliquer les enfants est un bon début pour ensuite prendre soin du jardin ensemble et respecter chaque être vivant.

Plus on est près de la maison, plus le jardin sera fréquenté et plus on y installera les plantes qui demandent des soins : aromatiques, potées fleuries, potager.

En s'éloignant, on installe pelouse, petits fruits, espaces de jeux, verger.

Les haies sur le pourtour ont plusieurs fonctions : elles clôturent le jardin, isolent lorsque cela est nécessaire, servent de corridors et de relais au petit peuple des insectes et des oiseaux en leur fournissant le gîte et le couvert.

Les arbres dispensent l'ombre indispensable, fournissent du menu bois de bricolage et restent le territoire privilégié des oiseaux et de nombreux insectes.

Un plan de plantation permet d'orchestrer l'ensemble des parties du jardin et évitera le pire : se disperser ! Parsemer son terrain d'arbustes pour occuper l'espace ne conduit à rien. On s'épuise à courir afin de gratter, désherber, pailler, arroser pour s'apercevoir, au bout de quelques années, qu'on a laissé un tiers des plants à l'abandon et que les rescapés sont trop serrés ! Aucun traitement ne palliera jamais cet écueil.

Un fil directeur : plantez moins, par vagues successives, en privilégiant des espèces rustiques. Quand une partie de votre jardin est autonome et vit en bonne santé, passez à la suivante. Quand les grandes lignes fonctionnent, vous pouvez alors explorer des choix plus audacieux.

Conserver les plantes existantes lors de la remise en état d'un terrain permet de gagner du temps, d'éviter le tryptique « arrachage-replantation-arrosage » pour profiter d'un début de jardin et des premiers équilibres naturels. Cette économie de temps et de travail peut être dévolue à la préparation d'un potager par exemple.

Tracer quelques allées, une cour, une terrasse vous amènera inévitablement à visualiser le futur travail d'entretien qui sera le vôtre... autant dire la corvée de désherbage ! C'est le moment de faire le choix d'allées enherbées ou minéralisées et du revêtement des terrasses.

Commencez sur une petite surface, appréciez la biodiversité naturelle, découvrez les vertus de la haie vive et des fleurs sauvages... tout cela vous garantira l'équilibre de votre jardin et nourrira ce processus actif de transformation du milieu. La simplicité assumée prévient le « faire et défaire ». Ainsi, nous vous conseillons d'éviter d'ouvrir dix chantiers à la fois, afin de ne pas gaspiller votre temps, vos forces et vos graines. Vous gagnerez très rapidement en confiance. N'oubliez jamais que le jardin doit rester un plaisir.

Enfin, les interventions de soins au jardin sont toujours plus efficaces quand elles sont naturelles, préventives pour renforcer les plantes, de la même façon que nous prenons soin de notre santé par une alimentation équilibrée.

À partir de bases solides, vous pourrez gérer l'ensemble du jardin sans produits toxiques et passer plus de temps à identifier les papillons. Les enfants seront heureux de partager cette aventure sans risque et sans stress.

2. TRAVAILLER LE SOL EN LE RESPECTANT

Les premiers travaux concernent le sol. Qu'il soit enherbé ou pas, il va falloir créer des conditions propices pour semer, repiquer, planter.

Contrairement à ce que le jardinage conventionnel raconte, le sol n'est pas un support inerte qu'il suffit de nourrir à grands renforts d'engrais chimiques pour pouvoir y jardiner à sa guise. Apporter les éléments de base - azote, phosphore, potasse - peut, dans un premier temps, produire des plantes épanouies et des récoltes correctes, mais cet apport ne tient pas compte de l'activité biologique du sol ni de sa nature. À terme, on atteint un seuil de rupture. Sans la présence active des micro-organismes, cette alimentation déséquilibrée, souvent trop riche en azote, reste mal digérée et favorise maladies et parasites. L'exemple classique étant l'invasion des pucerons en mai-juin sur les rosiers ou les jeunes plants, quand l'azote apporté au printemps se libère trop brutalement. Une autre partie de ces engrais solubles se retrouve lessivée par les pluies et pollue les rivières et les nappes phréatiques.

Pour éviter ces désordres, l'une des clés essentielles du jardinage est de favoriser les apports et le stockage de la matière organique dans le sol. C'est ce que nous allons découvrir dans le premier chapitre de cet ouvrage. En utilisant les engrais verts, le compostage, nous en favorisons l'augmentation régulière. Une utilisation judicieuse de l'argile permet de la stabiliser, créant ainsi le fabuleux complexe argilo-humique indispensable à un jardin productif.

Notez que les besoins de votre jardin sont en lien avec la nature de son sol et peuvent être précisés par l'observation que vous en ferez (voir zoom ci-dessous). Des apports réguliers améliorent la structure du sol, la circulation de l'eau et de l'air. Les plantes installées dans ces conditions se développent facilement et sainement grâce à un système racinaire ramifié, largement développé.

ZOOM : FAITES LE TEST DU BOUDIN

Prélevez un peu de terre en surface et humidifiez-la avant de la pétrir comme de la pâte à modeler.
Essayez ensuite de la rouler pour former un boudin d'un centimètre de diamètre.
Si c'est impossible : le sol est très léger, il contient moins de 10 % d'argile et ne retient ni l'eau ni les éléments nutritifs. Des apports d'argile en poudre mélangée au compost lui redonneront de la consistance. Optez pour des plantes de sols légers, filtrants, voire secs.
Si vous arrivez à le rouler mais qu'il se casse : le sol contient moins de 20 % d'argile. C'est très bien, votre terre nourrie au compost ne vous causera aucun souci.
Si le boudin se forme sans difficulté : la terre contient plus de 20 % d'argile. Elle est lourde, difficile à travailler et retient l'eau longtemps. N'intervenez qu'en sol bien égoutté. Utilisez compost, engrais verts, paillages pour l'alléger et entretenir la vie microbienne.

La période d'intervention pour les travaux est également à prendre en compte. La première règle à respecter est de ne pas intervenir lorsque la terre est trop humide, collante. N'intervenez que sur un sol égoutté dont la terre se désagrège entre les doigts mais sans coller. Pour les premiers semis, en fin d'hiver (mars), vérifiez que les graines sont bien adaptées (espèces rustiques) et résistent aux petites gelées. Attendez le réveil du jardin : cette période, variable selon les régions et les années, se remarque par un premier frémissement de la végétation, ce petit moment magique où les mauvaises herbes commencent à germer au jardin. Le thermomètre indique 10-12° C et les premiers rayons du soleil réchauffent le sol. À l'inverse, n'intervenez pas quand le sol est sec.

Les outils utilisés au jardin induisent une certaine façon de travailler qui aura elle aussi un impact sur la vie du sol et le bon développement des plantes. L'oxygène y est indispensable et l'usage d'outils à dents en remplacement de la traditionnelle bêche à fer plat donne de meilleurs résultats. Le bêchage ne doit pas bouleverser les différentes couches du sol, pratique préjudiciable à une activité biologique régulière dans la couche superficielle. On aura au contraire à cœur de désherber sans retournement en utilisant une grelinette à trois ou quatre dents (ou une fourche bêche sans retourner la terre). Cet outil permet également d'ameublir le sol très profondément sans dégâts sur les vers de terre et sans créer de « semelle de béton » sous la couche travaillée. Un coup de griffe pour incorporer le compost aux premiers centimètres du sol, un passage de râteau pour égaliser, et le sol est prêt. Rapide et sans mal au dos !

3. CULTIVER LA BIODIVERSITÉ

Un jardinage naturel s'inspire des écosystèmes, ces milieux équilibrés que la nature a mis en place, où la multiplicité des espèces garantit la bonne santé et l'harmonie de toutes. Que ce soit au potager, au jardin d'agrément ou au verger, pensez toujours à mélanger ! Il en restera toujours quelque chose.

Diversifiez à tous les étages en gardant à l'esprit qu'un jardin équilibré nécessite plusieurs strates de cultures, comme en forêt. Loin des alignements monotones, vous vous attacherez à varier les hauteurs en mariant les arbres, les arbustes et les plantes vivaces. Au potager, vous retrouverez des grimpantes comme les haricots, des légumes de mi-hauteur, puis des salades, des aromatiques, des carottes qui forment un couvre-sol… Chaque système se défend contre les insectes indésirables qui ont du mal à y retrouver leurs victimes, mais aussi contre la canicule, le dessèchement. Les insectes auxiliaires, les petits animaux y trouvent refuge et vous aideront dans votre gestion écologique.

Ne négligez pas les haies qui vont devenir les cités joyeuses où la vie foisonne à chaque étage. Même un jardin de taille modeste – 200 à 300 m^2 – peut accueillir une biodiversité intéressante. À 600 m^2, l'équilibre est possible. N'oublions pas, en zone urbaine, que l'addition des petits jardins crée des corridors écologiques, indispensables à l'entrée de la campagne en ville. Un enjeu pour demain.

Lors des plantations, diversifiez les essences d'arbustes caducs et persistants qui protègent du vent et accueillent les oiseaux en hiver. Un tiers de persistants dans la haie fidélisera les sédentaires et permettra une hibernation de certains auxiliaires. Mélangez essences ornementales et espèces champêtres afin d'offrir le gîte et le couvert adaptés au plus grand nombre. Tissez quelques grimpantes comme les clématites ou le chèvrefeuille qui fourniront matière à hôtel à insectes. C'est dans la haie ou les bosquets d'arbustes que vous viendrez installer différents nichoirs.

Échelonnez le plus possible les floraisons pour que les insectes trouvent des fleurs à butiner quasiment toute l'année. Pensez aux arbustes à baies pour nourrir les oiseaux.

Choisissez les essences les plus rustiques, les mieux adaptées au sol de votre jardin et à son climat afin d'éviter les déboires des maladies. Mariez les espèces lors des plantations car rien de tel que la monoculture pour subir la propagation des maladies cryptogamiques ou l'incursion d'insectes ravageurs. Le dépérissement d'une plante est rarement une fatalité et la réussite se travaille en amont lors de la création de votre jardin.

Vous pouvez intervenir pour un coup de pouce au démarrage en utilisant des stimulants simples, confectionnés à base de plantes sauvages comme l'ortie ou la consoude, mais aussi soigner avec des légumes comme l'oignon ou le piment ! De très nombreux traitements ne requièrent pas une razzia de produits divers dans les rayons des jardineries ! Les faire soi-même permet de bénéficier de la traçabilité d'un circuit court pour un prix très bas. Deux raisons qui interpellent nombre d'entre nous aujourd'hui. Le savon noir a ainsi acquis ses lettres de noblesse.

La biodiversité cultivée intègre au maximum les espèces sauvages qui sont de bonnes plantes compagnes, soit parce qu'elles permettent de soigner les autres, soit parce qu'elles favorisent l'accueil et la fidélisation d'insectes auxiliaires comme les syrphes, les micro-guêpes, mais aussi les pollinisateurs comme les abeilles, les bourdons, les papillons. La gestion différenciée des pelouses - laissant émerger un cortège d'espèces sauvages - ou le semis de jachères et prairies fleuries en sont des exemples faciles à reproduire sur quelques mètres carrés. Jardiner mieux avec des fleurs rejoint notre rêve d'un jardin paradis, tout en devenant une réalité grâce aux études de terrain.

ZOOM : PLANTEZ POUR LA SANTÉ DE VOTRE JARDIN

Pour être sûr d'avoir sous la main les plantes nécessaires à vos différentes préparations, pourquoi ne pas en composer un massif ? La plupart des espèces utiles aux préparations (armoise, consoude, achillée, sauge sclarée, tanaisie, etc.) sont de très jolies plantes, souvent odorantes, que l'on retrouve dans les jardins de simples inspirés du Moyen Âge. Joliment soulignées d'un plessage, elles embelliront votre jardin.

4. ENTRETENIR SON JARDIN DE FAÇON RÉGULIÈRE ET SANS STRESS

La méthode d'entretien de votre jardin influencera largement la bonne santé de vos plantes et la fréquence des traitements que vous serez amenés à y faire.

Un jardin trop « propre » ne permet pas aux grands équilibres de s'établir. *A contrario*, un jardin négligé ne peut ni assurer une production gratifiante ni se développer harmonieusement. Il n'y a pas de mains vertes mais des jardiniers qui ont les deux mains actives et les pieds sur terre ! Voici quelques repères.

L'entretien commence début mars. Les premières années, vous devrez surveiller l'arrosage et le désherbage de près pour éviter une trop grande concurrence sauvage. Ce qui ne veut pas dire que vous arracherez tout ce qui n'est pas planté de main de jardinier ! De très jolies sauvageonnes comme les marguerites, le bouillon blanc, les coquelicots, les centaurées, les sauges des prés représentent un complément très appréciable pour leur côté esthétique mais aussi pour les insectes. À chacun de gérer ces cadeaux de la nature selon sa sensibilité.

Le minimum d'entretien à prévoir doit être régulier pour être efficace. Inutile de vous lancer dans un grand désherbage en juillet. C'est en mars que l'on commence pour persévérer régulièrement jusqu'en septembre (c'est-à-dire environ 3 à 4 fois par an).

Le paillage est incontournable (voir p. 32) et se met en place au fur et à mesure de l'entretien afin de limiter des levées de mauvaises herbes et de garder le sol meuble et frais.

Pour l'arrosage, le rythme doit être régulier. Dès qu'il fait sec, grattez la terre pour vérifier son état. Au potager, privilégiez un bon arrosage par semaine ; deux fois en production estivale. Pour les plantes d'ornement, c'est une fois par semaine, le temps de la reprise, puis vous espacez.

L'entretien permet de vérifier que tout se passe bien : vous tenez le rythme, les traitements sont faits à temps, les premières floraisons attirent déjà les insectes, le potager offre quelques paniers de légumes et le jardin prend tranquillement son rythme de croissance.

Ensuite, l'exercice s'allège. Tous les ans :

➜ En mars, coupez à ras les tiges sèches, les restes de floraison, les branches mortes des rosiers et des arbustes. Triez les matériaux intéressants pour construire des nichoirs, hôtels à insectes et autres gîtes, et stockez le reste pour le broyer au fur et à mesure des besoins. Tout ce qui pousse et vit sur votre terre doit pouvoir y retourner pour créer un cycle vertueux en profitant à ce qui y pousse ou y vit.

➜ En mars/avril, sur sol ressuyé, passez la grelinette, griffez et désherbez dans les massifs puis préparez le sol du potager par un apport de compost et un semis d'engrais vert.

➜ En avril, apportez du compost en surface dans les massifs, griffez et paillez partout avec le broyat maison issu des nettoyages de fin d'hiver.

➜ Dès qu'il fait sec, surveillez l'arrosage, notamment pour les plantations récentes.

➜ À partir de l'été, vous pouvez profiter de la terrasse et des transats ! Si vous souhaitez plutôt un jardin soigné, coupez les fleurs fanées pour prolonger les floraisons.

➜ À l'automne, surtout ne faites rien ! Les graines germent, le petit peuple du jardin s'endort, seuls les oiseaux grattent, explorent et picorent. Envie d'exercice ? Faites des provisions de feuilles mortes !

ZOOM : PELOUSE OU PRAIRIE ?

Les prairies et les pelouses gagnent à ne pas être tondues ras pour permettre à la biodiversité de s'épanouir. La petite faune sauvage et les auxiliaires ont besoin d'espaces vierges et d'herbes folles pour se reproduire, accrocher leur chrysalide ou se mettre à l'abri des prédateurs. Un jardin tondu régulièrement perd en diversité. Délimitez des espaces « pelouse » qui serviront à la sieste et aux jeux des enfants puis tracez quelques cheminements dans la prairie.

Pensez à préserver des îlots d'herbes sauvages qui deviendront d'intéressants postes d'observation pour toute la famille et seront coupés seulement en fin d'hiver. Fauchez le moins possible : une à deux fois l'an est largement suffisant. Changez les pistes de circulation pour découvrir le jardin autrement et voir émerger d'autres espèces spontanées.

PRENDRE SOIN DU SOL

La base du jardinage est le sol. On ne peut pas envisager un jardin sain, productif et agréable à vivre sans s'être penché dès le départ sur la qualité du sol. Que la terre soit fertile ou non à l'origine, il sera indispensable de prendre soin d'elle, de la travailler en douceur, de l'enrichir en matière organique et de favoriser une intense activité des micro-organismes et des vers de terre. Ces infatigables travailleurs de l'ombre vont aider les plantes à prospérer mais aussi à se maintenir en bonne santé. Le sacro-saint complexe argilo-humique, ce moteur essentiel à la vie du jardin, se façonne ainsi au fil des saisons, alimenté par nos pratiques vertueuses.

COMPOSTER POUR UN SOL FERTILE

TOUTE L'ANNÉE

Le compost est un des piliers du jardinage. Il fournit la matière organique nécessaire à la vie du sol et à sa fertilité. Cette opération qui paraît parfois compliquée s'avère simple avec un peu de méthode. On utilise soit un composteur en bois (évitez le plastique, trop peu respirant), soit on procède en tas, à l'ancienne. Stockez une bonne quantité de feuilles mortes pour démarrer et pouvoir les ajouter afin d'équilibrer les différents apports.

EN PRATIQUE

- Déposez une couche de carton sur le sol et recouvrez-la de déchets de bois, de résidus de taille grossiers.
- Alternez en couches fines des déchets verts (déchets de cuisine compostables, mauvaises herbes, tontes de gazon, fumier...) et des déchets bruns (feuilles mortes, broyats de taille secs...). Arrosez chaque couche sans détremper et brassez régulièrement.
- S'il vous manque des matériaux, ajoutez des feuilles mortes humidifiées, pour remplir le composteur. Le volume va se tasser et vous pourrez le compléter pendant 2 mois.
- Au bout de trois mois, mélangez une dernière fois, vérifiez que le tas est assez humide (arrosez au besoin). Couvrez d'un carton et laissez mûrir. Les micro-organismes vont le décomposer tranquillement. Surveillez juste l'humidité en été. Le compost est mûr quand il est brun, souple et sent l'humus de forêt. Cette opération peut prendre 9 à 12 mois.

SECRET DE JARDINIER

Mélangez des ingrédients les plus diversifiés possibles. Ajoutez des feuilles mortes humidifiées lors des apports de déchets verts pour éviter le pourrissement. Aérez le compost en brassant 2 à 3 fois lors des premiers mois.

UTILISATION

En fin d'hiver, étalez le compost à la dose d'1 kg/m^2 après le travail du sol à la grelinette, puis incorporez par un griffage superficiel. Un semis d'engrais vert en complément évitera son lessivage et le tassement du sol (voir p. 26).

AUGMENTER L'HUMUS AVEC DES ENGRAIS VERTS

AU PRINTEMPS ET/OU À L'AUTOMNE

La teneur du sol en humus peut être augmentée par des amendements (compost, fumures) ou par un couvert végétal, appelé engrais vert. Les engrais verts sont issus du semis de plantes spécifiques à croissance rapide qui vont former une végétation abondante (la biomasse). Étalée sur le sol comme paillage ou incorporée à la couche superficielle du sol, elle se décompose lentement et stimule la vie microbienne. Les engrais verts allègent les sols lourds et apportent de la matière organique aux sols légers, pauvres ou dégradés. Les engrais verts de la famille des légumineuses enrichissent naturellement le sol en azote.

EN PRATIQUE

➧ Choisissez les graines en fonction de l'époque du semis (au printemps : phacélie, moutarde, sarrasin, bourrache ; en automne : vesce, trèfle incarnat, seigle).

➧ Préparez le sol à la grelinette ou à la motobineuse. Griffez pour terminer le désherbage et affiner le sol.

➧ Semez à la volée en respectant les dosages indiqués sur le sachet.

➧ Recouvrez superficiellement les graines au râteau ou à la griffe.

➧ Tassez au rouleau ou avec le plat du râteau.

➧ Que ce soit à l'automne ou au printemps, la levée a lieu dès la première pluie. Coupez ensuite à la cisaille ou tondez l'engrais vert au printemps, en fonction du besoin d'espace pour semer ou repiquer.

UTILISATION

Si vous avez du temps : incorporez-le à la griffe dans les premiers centimètres du sol. Comptez 3 semaines de décomposition avant un semis, moins pour un repiquage. Si vous êtes pressé(e) : coupez les tiges sur la partie à semer et hachez-les à la cisaille dans une brouette ou dans une bassine. Arrachez les racines à la griffe et mélangez le tout. Épandez comme paillage entre les rangs semés ou au pied des plantes repiquées pour favoriser l'activité microbienne et fertiliser.

AMÉLIORER LE COMPLEXE ARGILO-HUMIQUE AVEC L'ARGILE

DE NOVEMBRE À FÉVRIER

Créer un complexe argilo-humique permet de s'assurer une terre fertile stable, indispensable en sol pauvre ou sableux. Cette pratique paysanne remise au goût du jour fixe la matière organique, augmente la capacité du sol à stocker l'eau et les éléments nutritifs, limite les lessivages et accroît sa fertilité. Effet immédiat garanti !

EN PRATIQUE

- Récupérez de la terre argileuse à l'automne puis étalez-la en petits tas de 20 à 30 cm sur les parcelles que vous souhaitez amender. Laissez passer les fortes gelées qui vont l'éclater et l'émietter finement pendant l'hiver.
- Au printemps, étalez les tas d'un coup de griffe sur le sol, sur une faible épaisseur (1 cm maximum). Recouvrez ensuite de 3 à 5 cm de compost avec une pelle. Griffez pour incorporer le tout au sol.
- Semez un engrais vert (phacélie) tout de suite pour stabiliser l'ensemble (voir p. 26).

SECRET DE JARDINIER

Vous pouvez remplacer la terre argileuse par de la bentonite (conditionnée en sacs et vendue en coopérative agricole). Cette argile retient 10 fois son volume en eau et apporte des éléments nutritifs. À épandre sur le sol de l'automne au printemps lors de l'apport de compost ou à adjoindre au terreau lors des plantations. Comptez 5 kg/10 m².

UTILISATION

L'engrais vert va recouvrir le sol et, petit à petit, les vers de terre vont travailler à l'incorporation ultime de l'argile dans ce milieu humide favorable. L'amélioration de la rétention en eau se constate dès la première année. Vous pourrez semer et repiquer en traçant des sillons dans ce couvert végétal. Renouvelez l'opération de temps en temps, par petites doses, afin de laisser votre sol digérer tranquillement (les marques colorées d'argile disparaissent). Cette technique est applicable à toutes les parties du jardin et particulièrement favorable aux légumes, plantes annuelles, rosiers et arbres fruitiers. À éviter sur les sols lourds et humides.

IL VOUS FAUT

FERTILISER AVEC DES ALGUES

TOUTE L'ANNÉE

Les algues, qui ont fait la réputation des maraîchers du littoral, sont une ressource fertilisante précieuse et gratuite. Fucus, laminaires, laitues de mer, algues rouges, vertes ou brunes, leur récolte est toujours une opportunité pour nourrir le jardin. Riches en azote, potasse, magnésium, calcium et pourvues de nombreux oligoéléments, elles sont excellentes pour la croissance des plantes et la production des légumes et des fruits. Elles sont utilisables en macération ou en paillage pour enrichir le sol sans le déséquilibrer.

EN PRATIQUE

➧ Découpez en très minces lanières l'équivalent d'un panier d'algues fraîches (de préférence les plus fines, comme les algues rouges qui se décomposent plus rapidement que les brunes).

➧ Mettez-les dans une large bassine et couvrez d'eau de pluie.

➧ Laissez tremper de 10 jours à 3 semaines selon leur consistance en touillant tous les jours. Lorsque le liquide est brun, c'est prêt !

UTILISATION

Dilué à 20 % (1 l/5 l d'eau), en arrosage, pour stimuler la vie microbienne du sol et pour les légumes gourmands, les rosiers et les fruitiers.

SECRET DE JARDINIER

Récoltez les algues le plus tôt possible après leur arrivée sur l'estran pour éviter qu'elles ne se mélangent au sable ou aux galets. Ramassez-les à marée basse pour qu'elles aient eu le temps de s'égoutter et ne pas rapporter d'eau salée au jardin. Dans l'idéal, procédez après la pluie, quand elles ont été rincées. Triez attentivement les déchets rapportés par la mer.

L'effet se remarque par un feuillage qui devient vert foncé. Si possible, renouvelez plusieurs fois dans la saison.

IL VOUS FAUT

Des algues fraîches

De l'eau de pluie

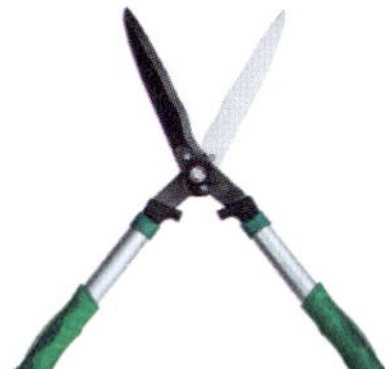

Une cisaille
ou un sécateur

PAILLER POUR PROTÉGER ET FERTILISER

DE MARS À L'AUTOMNE

Le sol nu est synonyme de désert ! Pour conserver sa fertilité, sa structure et son humus, il doit toujours rester couvert, sur le modèle des sols de forêt. Le paillage consiste à recouvrir la terre d'éléments végétaux qui vont éviter le lessivage du sol, le mettre à l'abri du froid et de la chaleur et favoriser une vie intense des micro-organismes et de la petite faune auxiliaire. Il se dégrade en quelques mois, augmentant ainsi la teneur du sol en humus et donc son pouvoir de rétention en eau. Un bénéfice complet pour tous les jardins !

EN PRATIQUE

➡ Commencez en mars pour les sols pauvres et se réchauffant vite. Pour les sols lourds, froids, argileux, attendez avril. L'idéal étant qu'en avril/mai, il n'y ait plus de terre à nu.

➡ Étalez les matériaux de paillage en couche épaisse (10 cm) sous les arbres, les arbustes, les rosiers, et plus fine (8 cm) entre les vivaces. Au potager, variez selon les espèces (quelques centimètres sous les salades mais 10 cm sous les courges et les tomates).

➡ Selon le type de paillage, l'humidité et la chaleur de votre sol, il sera digéré plus ou moins vite. Dans la plupart des cas, au bout de 2 mois, il faut ajouter une couche complémentaire (et jusqu'à 4 fois par saison pour le potager !). Mieux vaut pailler plus souvent et varier les matériaux que déposer 20 cm de foin. Faites-le toujours sur sol humide !

QUELS MATÉRIAUX ?

La collecte des matériaux de paillage devient vite une douce addiction ! Utilisez en priorité ceux du jardin : tonte et mauvaises herbes séchées, engrais verts broyés, feuilles mortes de toutes espèces (éventuellement passées sous la tondeuse pour les plus coriaces), résidus de taille de fin d'hiver (secs et passés au broyeur), déchets de taille verts et broyés, fougère. Pour de petites surfaces, on peut acheter de la paillette de chanvre ou de lin et des cosses de sarrasin. À l'automne, pensez à stocker un maximum de feuilles mortes pour les utiliser pendant toute la saison !

IL VOUS FAUT

Des matériaux de paillage au choix (feuilles, paille, tonte, copeaux de bois…)

FAVORISER LES ÉQUILIBRES DU JARDIN

Lors de la création d'un jardin, il est indispensable de réfléchir à tous les éléments qui garantissent une bonne santé aux plantes. On oublie trop souvent l'importance de la biodiversité… C'est pourtant elle qui favorise les grands équilibres, ceux qui président au bon fonctionnement d'un milieu. Les espaces naturels ont leur garde-fou, cette multiplicité d'espèces végétales et animales qui, par exemple, limitent le développement d'un insecte ravageur.

Dans nos jardins, nous pensons rarement aux insectes auxiliaires, ces êtres vivants prêts à nous aider. Et lorsque nous intervenons pour un traitement, même bio, nous les impactons directement alors qu'il serait plus judicieux de les aider pour les fidéliser. Planter des haies, sélectionner des fleurs mellifères, prévoir leur accueil sont des gestes simples, indispensables !

AIDER À L'INSTALLATION DES COCCINELLES

TOUTE L'ANNÉE

Emblème du jardinage bio, la coccinelle est la petite bête idéale pour donner un coup de main au jardinier. Surtout au printemps quand les pucerons pullulent sur les jeunes plants, les rosiers et les arbres fruitiers. Une coccinelle adulte mange une centaine de pucerons par jour, et ses larves deux fois plus. Lâcher une petite colonie de coccinelles sauvages qui ira faire son office peut paraître séduisant, mais n'est pas sans conséquences, et sa fidélisation au jardin reste la meilleure option !

EN PRATIQUE

➧ Au printemps, évitez les traitements non indispensables. Quelques pucerons en goguette au jardin, c'est supportable et nécessaire pour que les coccinelles s'installent et se multiplient. Sinon, leurs larves n'auront rien à manger. Pas de pucerons, pas de coccinelles !

➧ Toute la belle saison, cultivez une grande diversité de plantes sauvages : l'ortie, le sureau, l'achillée, les armoises, le fenouil, l'orge sont autant de refuges à pucerons qui, attirés par là, n'iront pas envahir vos cultures. On les appelle les plantes-relais : des auberges à coccinelles et à bien d'autres auxiliaires amateurs de pucerons frais, comme les syrphes !

➧ À l'automne, conservez les touffes de vivaces à feuillage dense et persistant à la base ainsi que les graminées. Elles représentent un refuge douillet pour l'hiver. Disposez quelques fagots dressés contre la cabane du potager, elles iront aussi s'y réfugier.

ATTENTION !

Les coccinelles vendues comme assistantes-jardiniers n'ont pas que des vertus. Les lâchers de coccinelles d'origine asiatique ont un impact négatif sur nos coccinelles indigènes contre lesquelles elles se posent en concurrentes, quand elles ne dévorent pas leurs larves. Soyons vigilants !

SECRET DE JARDINIER

Si vous n'êtes pas sûr que les coccinelles trouvent suffisamment d'abris naturels, construisez un hôtel express dans un nichoir à mésanges. Découpez sur les côtés des fentes de 8 cm de long espacées d'1 cm. En guise de couette, remplissez la boîte de feuilles mortes bien sèches.

SEMER UNE JACHÈRE FLEURIE POUR LES POLLINISATEURS

D'AVRIL À MI-JUIN

Vite semée, vite fleurie, la jachère fleurie est composée d'espèces annuelles multicolores qui égaient le jardin à la belle saison. En choisissant des espèces mellifères, on assure aux butineurs une abondance de nectar et de pollen de qualité à une période où les fleurs sauvages en produisent un peu moins. Une activité qui débordera vers le potager où ces insectes assureront une pollinisation intense (20 % de récoltes en plus).

EN PRATIQUE

➜ Optez pour les graines les plus mellifères : phacélie, souci, sarrasin, cosmos sulfureux et bipinnatus, centaurée, zinnia à fleurs simples, malope, rudbeckia, tournesol, vipérine.
➜ Préparez le sol dès le mois d'avril : ameublissez la terre par deux passages croisés de grelinette pour éliminer les mauvaises herbes.
➜ Affinez puis égalisez par un griffage.
➜ Semez clair de fin avril à mi-juin en mélangeant les graines à du sable puis recouvrez au râteau et arrosez en pluie fine.

OÙ LES SEMER ?

Les plantes de jachère mellifère peuvent être semées en taches dans les massifs de vivaces, en bordure au potager ou en ponctuation entre les légumes. Ce sont d'excellentes plantes compagnes qui ont aussi l'avantage de travailler le sol de leurs racines.

LE JARDIN DES PAPILLONS

Les papillons sont rarement classés comme pollinisateurs et pourtant, lors de leurs balades de fleurs en fleurs, ils dispersent généralement le pollen en pompant le nectar. Ce sont les grands gagnants des jachères fleuries où ils vont trouver ce nectar tout l'été !

IL VOUS FAUT

Des graines

Du sable

Une grelinette + Une griffe +

Un arrosoir +

Un râteau

PLANTER DES OMBELLIFÈRES

DE MARS À OCTOBRE

Parmi les meilleures plantes pour renforcer la lutte biologique, les apiacées (naguère appelées ombellifères) arrivent largement en tête. Anthrisque, carotte, aneth, fenouil, panicault, angélique, orlaya et panais sont diablement efficaces avec leurs ombelles plates en guise de parfaites pistes d'envol ! Leurs fleurs sont une précieuse source de nectar, notamment celles qui fleurissent en été et attirent les pollinisateurs, abeilles, bourdons mais aussi guêpes, microguêpes spécialisées dans la destruction des chenilles, syrphes, chrysopes, coccinelles (qui luttent contre les pucerons), mouches, perce-oreilles, etc.

EN PRATIQUE

- Préparez le terrain soigneusement par un griffage car même s'il s'agit d'espèces botaniques, elles peuvent aussi être envahies.
- Ouvrez un trou au transplantoir, mélangez une petite poignée de compost à la terre (seulement pour les plantes gourmandes ou en terrain pauvre). Rebouchez en tassant juste du plat des deux mains.
- Arrosez au pied tout doucement au fur et à mesure de l'avancée du travail. Paillez de feuilles mortes.

SECRET DE JARDINIER

Facile à cultiver, le fenouil héberge la plus grande biodiversité dont peut rêver un jardinier. Son feuillage sert d'abri aux carabes et aux musaraignes, et c'est le plat favori de la chenille du machaon en été. Sa très longue floraison de juin à fin septembre attire la faune diversifiée des apiacées. Sa structure aux tiges raides permet aux araignées d'y établir leur toile et aux araignées-crabes et aux mantes religieuses d'y chasser leurs proies. En fin d'été, la plante devient même un présentoir de graines pour les oiseaux.

EN CHIFFRES

Il a été dénombré en quelques semaines sur une ombellifère 48 espèces différentes d'insectes auxiliaires parasites des chenilles (ichneumonidés). Il y avait aussi des coccinelles, des papillons, etc.

IL VOUS FAUT

Du compost

Des feuilles mortes

Un transplantoir

+

Une griffe

+

Un arrosoir

TRAVAILLER POUR LES CARABES

TOUTE L'ANNÉE

Dans la lutte contre les cagouilles, le carabe est roi ! Son régime alimentaire comprend limaces et escargots, jeunes et œufs. Pourtant, ce coléoptère à reflets bronze, violet ou indigo ne nous est guère familier, et pour cause : il travaille de nuit et trottine en longeant les murets au lieu de voler. Il est un indice de milieu naturel sain, équilibré et bien pourvu en biodiversité. Pour favoriser sa venue et sa fidélisation au jardin, les astuces suivantes ont fait leurs preuves.

EN PRATIQUE

- Semez les allées en trèfle blanc ou en herbes diverses tondues pas trop ras afin qu'il puisse se déplacer à sa guise. Les allées minérales créent des ruptures dans ses déplacements et le perturbent.
- Plantez largement au pied des arbustes des couvre-sols : géraniums vivaces, érigerons, bruyères et épimediums qui lui assureront gîte et terrain de chasse. Conservez-les sans les rabattre en hiver.
- Édifiez de petits murets de pierres sèches comme cachettes pour qu'il s'y glisse au frais en plein été.
- Empilez des bûches en guise de bordures. Les carabes s'y cacheront volontiers à l'abri de leurs prédateurs comme les hérissons et les crapauds.
- Pour l'hiver, plantez des graminées au feuillage dense comme les miscanthus, les calamagrostis et la houlque laineuse. Au cœur du feuillage, Ils trouveront une couette douillette.

SOUS LA HAIE

Le pied des haies représente l'habitat préféré des carabes. Évitez surtout de le « faire propre », car au printemps, ils viennent y déposer leur ponte. À l'automne, ils en font leur terrain de chasse, y trouvent protection et nourriture car, en manque d'escargots, ils deviennent opportunistes et se régalent de cloportes et de toutes sortes de larves.

SECRET DE JARDINIER

Attirés par l'humidité, les carabes peuvent se noyer dans très peu d'eau. Évitez de laisser traîner des soucoupes pleines dans le jardin. Disposez des planchettes de bois flottant sur les mares et des planches de natation dans la piscine.

ASSURER LE GÎTE ET LE COUVERT EN HIVER

EN AUTOMNE/HIVER

L'aide à la faune auxiliaire se prépare dès l'automne. En effet, à une période où les jardiniers ont tendance à s'affairer pour « faire propre », les insectes sont en quête de nourriture et d'un gîte favorable, les oiseaux traquent graines et baies et les petits animaux cherchent un refuge. Le nourrissage naturel dans un jardin débordant de graines laissées sur place est bien plus cohérent et instructif que l'accrochage de boules de graisse.

EN PRATIQUE

➔ Pour les insectes butineurs, plantez des vivaces et annuelles qui fleurissent tardivement (asters, solidage, hélianthe, bruyère).

➔ Laissez grimper du lierre sur de vieux arbres, sa floraison est la dernière pour les abeilles, les abeilles solitaires, les guêpes et les micro-guêpes. Et ses fruits seront le premier régal des oiseaux en fin d'hiver (merles, fauvettes, mésanges, rouges-gorges).

➔ Pour les oiseaux, laissez grainer des plantes comme la centaurée, les cosmos, les chardons, l'onagre, les soucis, les reines-marguerites, les zinnias, mais aussi quelques légumes dont ils raffolent (amarante, laitue, chicorée, carotte, quinoa, fenouil, blette, panais, persil...).

➔ Abandonnez quelques grappes de la treille, des pommes abîmées sous les pommiers, des nèfles, des sorbes.

➔ Laissez prospérer l'églantier dans la haie et plantez des rosiers lianes à fruits pour les merles et les grives.

➔ Ne brûlez surtout pas les résidus divers (feuilles, tailles ou élagage). Entassés dans un coin, ils deviendront un hôtel 3 étoiles le temps d'un hiver.

➡ Laissez, pour tous, des tapis de feuilles mortes dans les massifs, au pied des rosiers, sous les haies, au pied des arbres. La petite faune s'y cachera et les oiseaux passeront l'hiver à la brasser pour y trouver pitance à leur goût.

SECRET DE JARDINIER

N'hésitez pas à semer des mélanges de fleurs annuelles spécial oiseaux par taches dans les massifs ou en lignes au potager, en bordures. Ils vous en seront reconnaissants en traquant chenilles et autres indésirables.

PRODUIRE DES PLANTS DE QUALITÉ

Avoir un potager débordant de légumes en pleine santé et un jardin d'agrément exubérant de floraisons passe par la préparation de plants de qualité. En effet, les jeunes plants proposés en jardineries sont trop souvent issus de grosses unités de production (France ou étranger), où ils sont chauffés, trop assistés, fertilisés et arrosés 24h/24. Il n'est pas étonnant que leur adaptation au jardin, à la vraie vie, soit généralement compliquée. Autre problème : le choix des espèces et des variétés reste limité et souvent saisonnier. Si vous voulez avoir la liberté de sélectionner vos variétés préférées, de semer des espèces adaptées à votre sol, à votre climat et dont vous aurez surveillé toute la croissance – de la graine à la plantation – une solution : semez !

FABRIQUER SON TERREAU À LA CARTE

DU PRINTEMPS À L'AUTOMNE

Pour éviter les incidents de semis, un conseil incontournable : n'utilisez jamais le terreau brut issu du sac ! C'est le meilleur moyen de le pourrir. Le support de culture, appelé substrat – ce sol dans lequel les petites graines vont s'enraciner – doit être fabriqué à la carte selon les espèces qui y seront semées. C'est l'élément clé de la réussite pour obtenir de jeunes plants robustes, trapus, avec un système racinaire bien chevelu et puissant. Pour obtenir un substrat de qualité, il faut mélanger plusieurs « ingrédients », comme en cuisine. La formule varie selon les espèces et leur stade de croissance.

EN PRATIQUE

➜ Mélangez les ingrédients suivants dans un large seau : 60 % de terreau dit « de semis » à la texture fibreuse assez fine (il servira de sol le temps que les plantules démarrent, permettra le développement rapide d'un système racinaire dense, évitera le tassement du sol et fera office de rétenteur d'eau), 20 % de compost tamisé très mûr pour fertiliser et 20 % de sable gris de rivière ou de la vermiculite pour drainer.

➜ Une fois le mélange fini, il doit être souple, léger, glisser entre les doigts et sentir le sous-bois.

UTILISATION

On peut adapter selon les espèces, en mettant plus de compost lors des semis de cucurbitacées ou plus de sable lors des semis de plantes de sols secs comme la plupart des aromatiques. Vous pouvez préparer une quantité importante de ce mélange et le conserver dans un bac.

ATTENTION !

N'utilisez pas de sable de bord de mer, ni de carrière. Leur composition et leur granulométrie ne conviennent pas au jardin.

IL VOUS FAUT

20 % de sable

20 % de compost

60 % de terreau

Un bac

+

Une pelle

SEMER SES PLANTS

DU PRINTEMPS À L'AUTOMNE

La réussite des semis est conditionnée par trois éléments : la température, l'humidité et la lumière. Ces derniers sont indiqués sur les sachets de graines ou dans tout bon manuel de jardinage. Les plantes rustiques peuvent être semées à l'extérieur, celles qui craignent le froid le seront à 18/20°C en serre ou dans la maison. Semez plutôt de petites quantités en caissette ou en pot afin de pouvoir les manipuler facilement et ne pas risquer d'être envahi(e) lors du repiquage !

EN PRATIQUE

➜ Étalez une couche d'1 cm de matériaux drainants au fond du pot à semis. Remplissez-le de substrat jusqu'à 2 ou 3 cm du bord. Tassez avec la main ou une planchette.

➜ Semez ensuite vos graines en veillant à ce qu'elles soient suffisamment espacées car les plants trop serrés s'étiolent et pourrissent. Pour les grosses graines : posez-les une à une, espacées d'1 cm. Pour les plus fines : mélangez-les à du sable fin avant de les semer.

➜ Tassez légèrement du plat de la main. Recouvrez de sable au tamis jusqu'à ce que les graines disparaissent.

➜ Poudrez le dessus du semis avec du charbon de bois pulvérisé puis arrosez au brumisateur. Selon les espèces et la saison, la levée varie d'1 à 3 semaines. Maintenez humide mais sans eau stagnante dans la soucoupe. Arrachez les plants en surplus.

REPIQUAGE

Au bout de 3 à 4 semaines de croissance, repiquez les plants au stade 2 à 4 feuilles vraies, en adaptant le mélange du substrat de rempotage à la variété. La base est de 50 % de terreau de rempotage + 30 % de compost + 20 % de terre de jardin tamisée. On ajoute 3 à 4 poignées de sable par seau de 10 l.

À NOTER

Pour les plantes gourmandes comme les courges, les tomates, les aubergines, les choux, etc., on peut utiliser du lombricompost.

IL VOUS FAUT

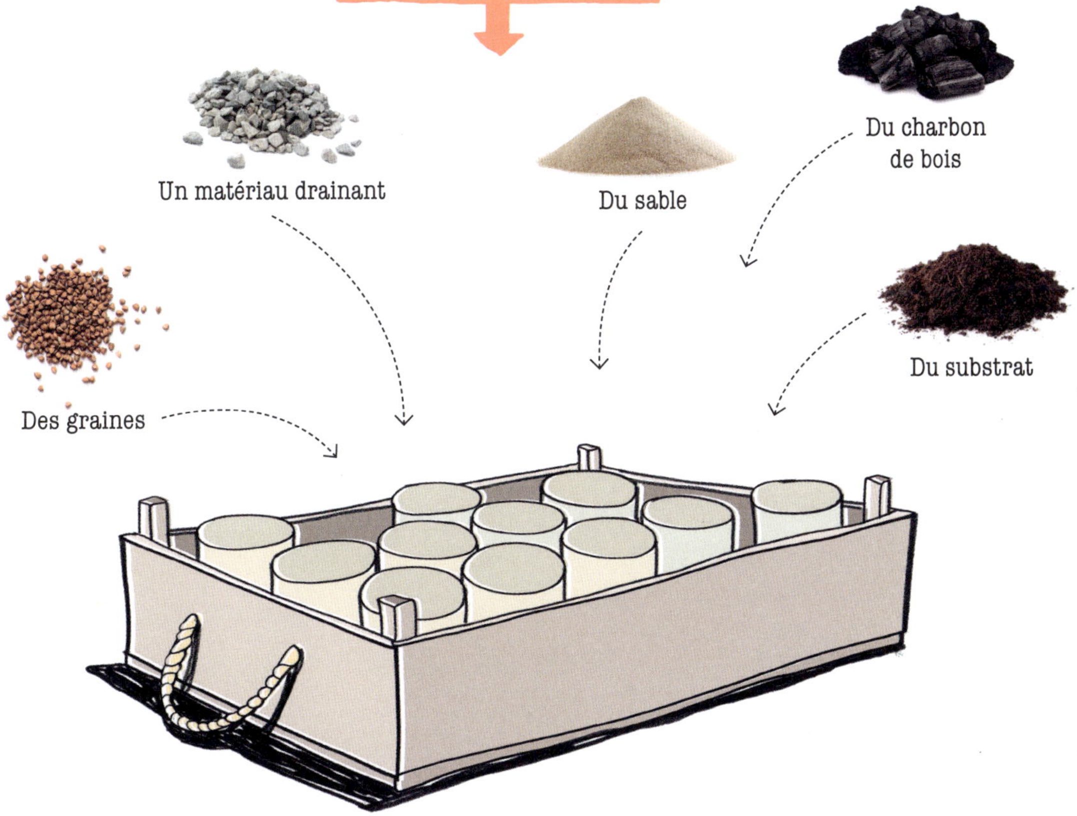

LUTTER CONTRE LA FONTE DES SEMIS

DU PRINTEMPS À L'AUTOMNE

L'ennemi des semis est un champignon microscopique qui produit un phénomène appelé « fonte du semis ». Il se développe dès qu'il y a une mauvaise corrélation entre une humidité du sol excessive et la température ambiante. Alors que tout paraît normal, les plants s'effondrent et disparaissent petit à petit. Nul insecte, nulle limace en vue ; il faut agir très vite pour les sauver en pulvérisant une décoction de prêle.

EN PRATIQUE

- Afin de faciliter l'extraction des principes actifs, placez 100 g de prêle sèche, coupée en petits morceaux, à tremper 24 h dans une casserole en inox remplie d'1 l d'eau de pluie.
- Le lendemain, placez le récipient sur le feu (ne changez surtout pas l'eau !) et portez doucement à ébullition. Dès que ce stade est atteint, baissez le feu, posez un couvercle pour empêcher la fuite des composants volatils indispensables et laissez bouillonner pendant 20 min.
- Coupez le feu et laissez refroidir complètement. Enlevez le couvercle en vidant les gouttelettes dans la décoction.
- Filtrez avec une passoire fine, remplissez un pulvérisateur de 25 cl de préparation et complétez avec de l'eau pour obtenir 1 l.
- Stockez la préparation entre 10 et 12 °C.

UTILISATION

En grattant à l'aide d'une fourchette, ôtez tout ce qui paraît atteint en débordant un peu. Essayez même de gratter entre les plants sains pour extraire un peu de la partie superficielle du substrat. Remplacez par un mélange sable/charbon de bois pilé, saupoudré au tamis ou à la passoire.

Laissez le bac au régime sec pendant au moins 48 h pour l'assainir. Pulvérisez matin et soir la décoction de prêle pendant 5 jours. Reprenez l'arrosage sans détremper le substrat.

IL VOUS FAUT

100 g de prêle sèche

1 l d'eau de pluie

Une casserole en inox avec son couvercle

+

Un tamis

+

Une passoire

STIMULER ET PRÉPARER LES JEUNES PLANTS

DE FIN MARS À JUIN

Qu'ils soient préparés dans la maison, sur la terrasse ou sous serre froide, les jeunes plants – d'ornementales ou de légumes – gagnent à être stimulés puis endurcis avant d'être mis en place au jardin. Pour ce faire, il faut préparer une potion stimulante qui sera appliquée dès le rempotage, puis les habituer au grand air. Le purin d'ortie est la plus connue mais pas forcément la plus intéressante, car elle contient trop d'azote, ce qui les booste et par conséquent les déséquilibre, les rendant plus mous et fragiles. Le purin de bardane est plus indiqué car il contient azote, phosphore et potasse, trois éléments qui construisent des plants solides.

EN PRATIQUE

- Cueillez 1 kg de bardane (feuilles, tiges et même racines) pour 10 l d'eau. Cela représente l'équivalent d'un grand panier grillagé.
- Hachez le tout finement à la cisaille ou au sécateur en vous protégeant les mains avec des gants. Utilisez un couteau pour la racine fibreuse.
- Déposez cette matière verte dans un grand seau et remplissez avec 10 l d'eau de pluie. Mélangez pour bien imbiber.
- Stockez le seau à mi-ombre et mélangez tous les jours. Les premières bulles apparaissent, continuez à mélanger.

SECRET DE JARDINIER

Pour passer du cocon de la serre froide au grand air du jardin en avril/mai, les plants semés/repiqués et conservés dans un lieu abrité ont besoin d'un temps d'adaptation. Aérez-les progressivement en les sortant aux heures les plus chaudes mais en veillant à ne pas les exposer brutalement au soleil qui les brûlerait. Sortie autorisée et à l'abri du vent, à mi-ombre de 11 h du matin à 17 h puis il faudra les rentrer. Au bout de quelques jours, les plants sont prêts !

➜ Dès qu'il n'y a plus de bulles (entre 8 et 10 jours), c'est prêt ! Filtrez et stockez au frais en bidon hermétique.

➜ Utilisez en pulvérisation, dilué à 10 % (10 cl/l d'eau), 3 fois pendant la croissance des plants.

IL VOUS FAUT

10 l d'eau de pluie

1 kg de bardane

Une cisaille ou un sécateur

+

Un couteau

+

Un seau

+

Un bidon hermétique

PLANTER EN PRALINANT

DU PRINTEMPS À L'AUTOMNE

Les jeunes plants préparés en godets ne connaissent pas le stress du repiquage car leur système racinaire conserve son intégralité. En revanche, ceux arrachés de la terre de la pépinière, du potager ou de la nature (quand on tente de repiquer des fleurs sauvages), sont vulnérables car leurs racines n'ont pas la protection d'une motte de terre. Pour faciliter leur reprise, une ancienne recette de jardinier donne de très bons résultats : le pralinage. Cette méthode consiste à tremper les racines dans une bouillie composée à parts égales de compost et de terre argileuse auxquelles on ajoute un stimulant racinaire.

EN PRATIQUE

- Mélangez dans un large seau, en quantités égales, du compost et de la terre argileuse finement tamisés.
- Ajoutez de l'eau de pluie pour faire gonfler le tout pendant 1 h puis mélangez jusqu'à former une sorte de pâte à crêpes.
- Ajoutez alors le stimulant qui peut être une petite pelletée de bouse de vache fraîche ou 1 cuil. à soupe d'extrait d'algues.
- Remélangez en ajoutant au besoin un peu de terre argileuse pour obtenir une pâte plus consistante, genre pâte à cake.

UTILISATION

Au fur et à mesure de la plantation, trempez les racines jusqu'au collet de la plante, pas plus haut.

SECRET DE JARDINIER

Ajoutez dans la préparation des stimulants supplémentaires comme un verre de purin de consoude, de l'infusion d'achillée ou un peu de poudre de basalte.

INDICATIONS

La préparation sert non seulement au pralinage des légumes et fleurs repiqués racines nues mais aussi, durant l'automne et en fin d'hiver, à la plantation des rosiers, des arbres et arbustes. Elle se conserve quelques jours.

IL VOUS FAUT

BOUTURER DANS L'EAU

DU PRINTEMPS À SEPTEMBRE

De très nombreuses plantes se multiplient par bouturage. Bouturage dans la terre, mais aussi par un moyen moins connu : le bouturage dans l'eau. Une méthode ultra simple qui permet aux plantes de former rapidement un système racinaire. L'astuce, c'est d'effectuer ce bouturage dans de l'eau de saule. En effet, les tiges de saule émettent une hormone naturelle qui va stimuler l'enracinement.

EN PRATIQUE

- Pour produire de « l'eau de saule », prélevez des tiges de saule bien vertes. Coupez-les en petits morceaux ou écrasez-les au marteau.
- Mettez-les à macérer dans un saladier rempli d'eau de pluie pendant 3 jours afin de libérer les hormones d'enracinement naturelles.
- Versez cette eau dans un vase ou un bocal et ajoutez un morceau de charbon de bois.
- Placez-y vos boutures jusqu'à voir apparaître un début d'enracinement (de petites protubérances sur la tige puis des radicelles). Au besoin, complétez le niveau d'eau et comptez quelques semaines.
- Transplantez-les alors dans des pots individuels remplis de terreau de rempotage.
- Résistez à l'envie de sortir la plante de l'eau pour voir si elle pousse bien ! C'est le meilleur moyen de signer son décès car l'air bloque le processus.

SECRET DE JARDINIER

Pour de petites boutures, préparez un bocal et recouvrez-le d'un film alimentaire maintenu par un élastique. De petits trous espacés de 3 cm permettront d'y glisser les boutures qui seront ainsi maintenues et ne risqueront pas de glisser et de pourrir au fond.

IL VOUS FAUT

Du terreau

Des tiges de saule

De l'eau de pluie

Un morceau
de charbon de bois

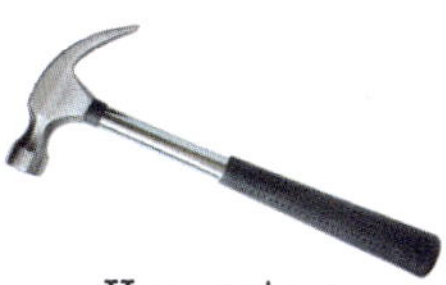

Un marteau

+

Un saladier

+

Des pots individuels

AIDER LES PLANTES

Depuis le 1er janvier 2019, la vente, la détention et l'utilisation de produits phytopharmaceutiques issus de la chimie de synthèse sont interdites pour les utilisateurs non professionnels, c'est-à-dire les jardiniers. Une sage décision qui a permis l'émergence de préparations simples, à base de plantes. Qu'elles se nomment extraits fermentés, purins, décoctions ou macérations, elles ont largement fait leurs preuves tant auprès des jardiniers que des professionnels cultivant en bio. Peu coûteuses, elles s'affranchissent des circuits commerciaux tant elles sont faciles à préparer, au cœur même du jardin, en utilisant les ressources les plus locales !

ÉQUILIBRER AVEC LA CONSOUDE

D'AVRIL À LA FIN DE L'ÉTÉ

Plante sauvage colonisant prairies et fossés, la consoude est une jolie vivace aux larges feuilles et aux clochettes rose-violet. Son port architectural ne passe pas inaperçu et elle compose de jolies scènes de jardin à mi-ombre. Pour réussir un purin de consoude, on utilise les feuilles, les tiges et les fleurs. La consoude n'est pas aussi azotée que l'ortie et peut être utilisée très régulièrement car elle consolide les tissus et favorise le développement des végétaux. Elle est riche en potasse, phosphore et calcium. C'est un bon stimulant qui requinque, cicatrise et rééquilibre les plantes qui ont eu des accidents de parcours comme le gel ou la grêle.

EN PRATIQUE

- Cueillez 1 kg de consoude pour 10 l d'eau. Utilisez des gants car les feuilles sont rudes et un peu piquantes.
- Hachez feuilles et tiges juteuses dans un large seau de jardin, à la cisaille, aussi finement que possible pour accélérer la fermentation.
- Déposez ce hachis dans un grand bac et couvrez de 10 l d'eau de pluie. Mélangez à la main pour bien imbiber. Stockez le seau à mi-ombre et mélangez tous les jours.
- Les premières bulles de fermentation apparaissent en général dès le deuxième jour, car la consoude écrasée fermente vite. Dès qu'il n'y a plus de bulles, au bout d'une semaine, c'est prêt. Filtrez à l'aide d'une passoire fine et utilisez rapidement.

SECRET DE JARDINIER

Le résidu de filtration de la consoude mêlé au tas de compost accélère sa maturation et, en paillage, fertilise les rosiers et les fruitiers.

UTILISATION

De mars à mai pour stimuler les jeunes plants 2 fois avant leur mise en place et 15 jours après. Pulvérisation à la dose de 5 à 10 %. En été, pour favoriser la croissance de tous les légumes, les rosiers et les petits fruits. En arrosage, dilué à 20 %, tous les 15 jours.

IL VOUS FAUT

1 kg de consoude

10 l d'eau de pluie

Une cisaille ou un sécateur +

Des gants +

Une passoire +

Un seau +

Un bac

RÉVEILLER SES PLANTES AVEC L'ORTIE

D'AVRIL À JUILLET

Prolifique dans les zones délaissées et les bords de rivière, l'ortie pousse avec assez de vigueur pour satisfaire tous les besoins de cueillette. Elle peut aussi peupler un coin de jardin, prête à servir de plante-relais pour accueillir les chenilles des plus beaux papillons. Riche en azote, sels minéraux et oligoéléments, elle sert à confectionner un purin revigorant d'avril au début de l'été.

EN PRATIQUE

- Cueillez 1 kg d'ortie pour 10 l d'eau de pluie. Coupez-la finement au sécateur ou à la cisaille en vous protégeant avec des gants.
- Mettez-la à macérer dans un seau en plastique assez large, permettant de bien brasser. Mélangez pour imbiber. L'eau doit entièrement recouvrir les plantes hachées.
- Placez le seau à mi-ombre et recouvrez-le d'une natte de plage pour éviter d'y voir proliférer des indésirables.
- Mélangez au moins une fois par jour et, si vous préparez de petites quantités, plusieurs fois par jour. L'ortie fermente vite : en 8 jours (quand il n'y a plus de bulles), la préparation est prête. Filtrez et utilisez rapidement.

UTILISATION

En pulvérisation à 5 % (5 cl/l d'eau de pluie), l'extrait fermenté d'ortie sert à stimuler les jeunes plants au printemps et à renforcer les légumes au potager.

En arrosage à 10 % (10 cl/l), il stimule les légumes 8 jours après la reprise, les plantes trop faibles, les rosiers chlorosés, les

SECRET DE JARDINIER

Après 15 jours, l'extrait entre en putréfaction et sent vraiment mauvais. Diluez-le et arrosez au pied des arbres ou sur le compost afin d'aider à sa décomposition.

hydrangeas et les plantes de terre de bruyère en général. En arrosage à 20 % (20 cl/l), c'est un bon starter pour les nouvelles plantations peu dynamiques, en mélange avec la consoude après un coup de gel.

IL VOUS FAUT

1 kg d'ortie

10 l d'eau de pluie

Une cisaille ou un sécateur

+

Des gants

+

Un seau en plastique

+

Une passoire

+

Une natte de plage

LIMITER LES MALADIES CRYPTOGAMIQUES AVEC LE PISSENLIT

DE MARS À JUIN

Traqué par les jardiniers soucieux de leur pelouse, le pissenlit n'a pas bonne presse ! Et pourtant, dès fin février, ses fleurs éclatantes nourrissent les premiers insectes. Fleurs, feuilles et racines fermentées produisent une potion aux vertus des plus intéressantes qui servira de purin aux arbres fruitiers et aux petits fruits. Il suffit de se baisser pour le cueillir et de déterrer sa racine à l'aide d'une gouge à asperges.

EN PRATIQUE

➜ Cueillez en mars-avril 1 kg de pissenlit bien épanoui.

➜ Débitez le tout au sécateur en petits morceaux et mettez à macérer dans un seau ou une bassine, avec 10 l d'eau de pluie un peu tiédie.

➜ Placez le seau dans un coin abrité afin d'éviter les écarts de température qui nuisent à la fermentation. S'il fait froid, rentrez-le dans un cellier ou une grange.

➜ Brassez tous les jours et surveillez la fermentation, qui peut être longue (15 jours) en cette saison car les conditions météorologiques sont souvent variables et les températures basses.

➜ Dès que les bulles disparaissent, filtrez avant de l'utiliser.

UTILISATION

En pulvérisation, 2 ou 3 fois, en février/mars, dilué à 5 % (5cl/l) dans un lait d'argile (1 cuil. à café d'argile blanche/l), il renforce la lutte contre les maladies cryptogamiques.

En arrosage, de mars à juin, dilué à 20 % (20 cl/l), il apporte de la potasse et aura une action favorable sur les fruits.

À NOTER

Pour lancer le processus de cette fabrication, il faut 12-13 °C minimum, sinon vous aurez du mal à conserver une bonne fermentation. Le problème se pose pour tous les purins de début printemps. L'idéal est de disposer d'un garage ou d'un petit abri afin d'éviter le refroidissement nocturne.

ÉLOIGNER LES RAVAGEURS AVEC LE SUREAU

DE MARS À JUIN

Le sureau est un bel arbuste colonisateur des haies et des friches. Ses fleurs attirent de nombreux insectes, ses baies sont un régal pour les oiseaux et ses jeunes tiges attirent les pucerons qui nourriront les syrphes et les coccinelles. Mais c'est son feuillage à l'odeur désagréable que l'on va utiliser pour fabriquer un extrait fermenté où cette caractéristique sera un atout !

EN PRATIQUE

- Cueillez de préférence de jeunes tiges de sureau. Mettez des gants et effeuillez-les dans un large seau pour obtenir 1 kg de feuilles.
- Broyez le tout à la cisaille. Ajoutez 10 l d'eau de pluie et brassez.
- Placez le seau à mi-ombre chapeauté d'un tissu aéré ou d'une moustiquaire.
- Brassez tous les jours. Au bout de 3 jours, de fines bulles vont apparaître : la fermentation commence.
- Dès qu'il n'y en a plus – au bout de 6 à 8 jours –, le purin est prêt à être filtré puis utilisé en arrosage ou en pulvérisation selon les besoins.

UTILISATION

L'odeur très forte du purin a des propriétés répulsives contre divers nuisibles du potager car elle brouille leur perception olfactive. À pulvériser dilué à 10 % (10 cl/1 l d'eau) 1 fois par semaine ou dès que vous apercevez une présence indésirable très marquée. Vous pouvez également en verser dilué à 50 % dans les galeries des taupes et des petits rongeurs pour les déranger et les chasser.

SECRET DE JARDINIER

Pour obtenir un maximum de feuillage sur un sureau, recepez la touffe à 1 m du sol tous les 2 ou 3 ans afin qu'il émette de jeunes rameaux bien feuillés.

ATTENTION !

Par mesure de précaution, utilisez uniquement le sureau noir dans vos préparations et non le sureau yèble, herbacé et toxique.

IL VOUS FAUT

1 kg de tiges de sureau

10 l d'eau de pluie

Une cisaille ou un sécateur

+

Des gants

+

Un seau

+

Une passoire

+

Un tissu aéré ou une moustiquaire

PRÉPARER UN THÉ... DE COMPOST !

DE MARS À SEPTEMBRE

Sur le court terme, le compost peut produire un engrais express rapidement assimilable par toutes sortes de plantes : au jardin, sur la terrasse et même pour les plantes d'intérieur. Sa teneur en micro-organismes en fait un produit vivant qui dynamise sol et plantes.

EN PRATIQUE

- Récupérez 1 pelletée de compost presque décomposé.
- Enfermez-le dans un sac de jute ficelé serré.
- Mettez-le à tremper dans une bassine de 10 l d'eau de pluie.
- Placez-le à l'ombre et laissez macérer pendant 4 à 5 jours.
- Brassez plusieurs fois par jour pour bien oxygéner.
- Au bout de quelques jours, le liquide vire au brun. C'est prêt !

UTILISATION

En pulvérisation, dilué à 5 % (5 cl/l d'eau), il stimule les jeunes plants au printemps. En arrosage, dilué à 20 % (20 cl/l d'eau), c'est un excellent fertilisant, soluble et rapidement assimilé par les plantes.

Pour les plantes d'intérieur, arrosez tous les 15 jours de mars à septembre, en plaçant la potée à l'extérieur, le temps qu'elle s'égoutte.

C'est aussi le coup de pouce parfait pour le potager, de juillet à septembre, quand les légumes ont absorbé une grande partie des éléments nutritifs du sol. Les cultures gourmandes ou à long cycle de vie l'apprécient (aubergines, choux, tomates, cucurbitacées, poivrons, etc.).

SECRET DE JARDINIER

Versez une bonne poignée de compost tamisé dans un petit arrosoir d'eau (3 l). Mélangez, laissez poser une nuit puis arrosez directement. Pratique pour les potées estivales.

IL VOUS FAUT

1 pelletée
de compost

10 l d'eau de pluie

Un sac de jute + Une bassine + Une pelle

UTILISER L'AIL CONTRE LES MALADIES CRYPTOGAMIQUES

DE MARS À SEPTEMBRE

L'ail fait partie des ingrédients qu'on a toujours sous la main dans la cuisine. Vous pouvez l'utiliser d'une autre façon, en macération dans de l'huile de colza. Cette sorte de sauce à l'ail aide à lutter contre les maladies cryptogamiques les plus embêtantes et sert de base à la fabrication d'insectifuge, d'insecticide et de fongicide.

EN PRATIQUE

➜ Hachez l'ail puis écrasez-le avec sa peau et mettez le tout dans un pot à confitures. Couvrez d'huile de colza ou de tournesol et laissez macérer à couvert pendant 24 h.

➜ Filtrez à travers une passoire fine tout en écrasant la pulpe.

➜ Ajoutez 1 cuil. à soupe de savon noir et battez au fouet, puis versez 1 l d'eau tiède. Cette macération peut se conserver un mois au frais.

UTILISATION

En pulvérisation, diluée à 5 % (5 cl/l d'eau), utilisez-la comme insectifuge ou insecticide pour lutter contre les pucerons, les acariens, la mouche de l'oignon ou encore les doryphores, mais aussi comme fongicide contre les maladies cryptogamiques (rouille, botrytis, cloque du pêcher, etc.). Diluée à 10 % et pulvérisée ou en arrosage, elle servira de répulsif contre les lapins. À renouveler régulièrement.

ATTENTION !

Respectez bien les doses car une macération d'ail pure agit comme un défoliant sur les jeunes plants.

IL VOUS FAUT

De l'huile de colza
ou de tournesol

100 g d'ail frais
(2 grosses têtes)

1 l d'eau tiède

1 cuil. à soupe
de savon noir
liquide

Un pot à confiture
avec son couvercle

+

Un couteau

+

Une passoire

+

Un fouet

INFUSER L'ACHILLÉE POUR STIMULER LES DÉFENSES

PRINTEMPS ET DÉBUT D'ÉTÉ

L'achillée millefeuille est une jolie plante vivace courante dans les prairies et les friches. Son feuillage vert foncé et moussu est très odorant et ses fleurs blanches en ombelles plates accueillantes pour les insectes auxiliaires (syrphes, microguêpes, coccinelles). Elle est également appréciée des pollinisateurs (abeilles, bourdons, papillons). C'est une plante majeure de la pharmacopée en biodynamie, qui l'utilise pour améliorer le compost et comme stimulant des plantes et du sol. Elle renforce l'action des fongicides et déclenche une réaction de défense naturelle des plantes contre les agressions des maladies, des insectes mais aussi météorologiques.

EN PRATIQUE

- Cueillez 100 g d'achillée (feuillage et fleurs). Ciselez le tout dans une casserole en inox ou en émail puis recouvrez avec 1 l d'eau de pluie.
- Portez doucement à frémissement puis coupez le feu juste avant l'ébullition, afin de garder intacts les principes actifs. Ne laissez surtout pas bouillonner l'achillée pendant 10 min à gros bouillons.
- Couvrez et laissez infuser jusqu'au refroidissement.
- Filtrez et pulvérisez. Cette infusion se conserve au frais 48 h.

À NOTER

L'adjonction d'1 cuil. à café d'argile surfine ou de savon noir aide à l'adhérence de la préparation.

UTILISATION

Diluez à 5 % (5 cl/l d'eau de pluie) et pulvérisez le soir pour une action stimulante et protectrice sur l'ensemble du jardin. Diluez à 10 %

SECRET DE JARDINIER

Repiquez de petites mottes d'achillée millefeuille dans les allées enherbées du potager. Elle résiste bien au piétinement et surtout votre passage libérera une odeur puissante, apte à perturber le repérage des insectes indésirables.

(10 cl/l d'eau de pluie) et ajoutez-la à un traitement fongicide comme un purin de prêle (voir p. 76). Utilisée pure, elle stimule l'activité des micro-organismes du tas de compost.

IL VOUS FAUT

1 l d'eau de pluie

100 g d'achillée

Une cisaille
ou un sécateur

+

Une passoire

+

Une casserole
et son couvercle

PRÉPARER UN EXTRAIT FERMENTÉ DE PRÊLE

D'AVRIL À JUILLET

La prêle est une étrange plante venue du fond des âges, dont il est impossible de distinguer feuillage ou floraison classique. Buissonnante, échevelée et verte de haut en bas toute l'année, ses milieux de prédilection sont les sols frais et les fossés. Le purin de prêle est le meilleur préventif de maladies pour tout type de plantes. Il contient de la silice, de la potasse, du calcium et divers sels minéraux, ce qui rend les plantes plus résistantes aux attaques de champignons et d'insectes.

EN PRATIQUE

- Hachez finement la récolte de prêle au sécateur. C'est long, mais plus ce sera fin, plus la fermentation sera rapide.
- Mettez à macérer dans 10 l d'eau de pluie et brassez pour bien imbiber. La prêle est un matériau « sec » : il faut la mélanger 2 fois par jour pour qu'elle soit bien mouillée et que le processus débute dans les meilleures conditions. La fermentation dure de 10 à 15 jours, selon la chaleur. (Inutile d'essayer de faire ce purin en dessous de 15 °C.)
- Surveillez : dès qu'il n'y a plus de bulles de fermentation, filtrez et mettez en bidons.

UTILISATION

Utilisez-le dilué à 5 % (5 cl/l d'eau) en pulvérisation pour renforcer les jeunes plants, au printemps. Dilué à 10 % (10 cl/l d'eau) et utilisé tous les 8 à 10 jours du printemps au mois d'août, il agit en préventif contre l'oïdium et la plupart des maladies cryptogamiques. À essayer aussi, dilué à 20 %, en

SECRET DE JARDINIER

Le purin de prêle s'utilise rarement en grandes quantités, car on l'emploie surtout pour des pulvérisations préventives et ce, quasiment tout au long de l'année. Stockez-le donc au frais afin d'en avoir d'avance.

curatif contre de nombreux champignons en début d'attaque, et éventuellement mélangé 50/50 avec du purin de consoude. En arrosage, dilué à 20 %, 2 à 3 fois sur la saison, il agit contre la chlorose en fer. Il peut aussi être mélangé 50/50 avec le purin d'ortie pour éviter l'effet « boosté ».

IL VOUS FAUT

1 kg de prêle
(sans les racines)

10 l d'eau de pluie

Une cisaille
ou un sécateur

+

Une passoire

+

Un seau
ou une bassine

+

Des bidons

LUTTER CONTRE LES PUCERONS AVEC LA MENTHE

D'AVRIL À JUILLET

L'infusion de menthe est plus connue dans la pharmacopée humaine que dans la lutte contre les pucerons. C'est pourtant la même méthode qui est utilisée : les plantes infusées à l'eau chaude libèrent des principes actifs qui ne pourraient être obtenus par simple macération. Un traitement doux et facile à préparer !

EN PRATIQUE

- Coupez finement la menthe fraîche et mettez-la dans un récipient en inox ou en émail et recouvrez avec 1 l d'eau de pluie frémissante.
- Couvrez afin de garder intacts les principes actifs et laissez infuser jusqu'au refroidissement complet.
- Soulevez le couvercle et laissez glisser les gouttelettes de condensation dans la casserole. Filtrez et vaporisez. Cette tisane ne se conserve pas et doit être utilisée dans les 24 h.

SECRET DE JARDINIER

Pour une préparation express, diluez 10 gouttes d'essence de menthe dans 1 cuil. à café de savon noir puis dans 50 cl d'eau.

INDICATION

Pour les pucerons noirs, ajoutez à la préparation 1 cuil. à soupe de savon noir, préalablement délayée dans un peu d'eau chaude.

UTILISATION

Pure en insectifuge et insecticide sur les endroits envahis de pucerons, autant de fois que nécessaire (n'oubliez pas qu'ils se reproduisent en quelques jours et que de nouvelles générations peuvent se réinstaller rapidement). À pulvériser sur le parcours des fourmis, qui ne l'apprécient pas.

QUELLES VARIÉTÉS ?

Plusieurs variétés peuvent servir à cette préparation : menthe poivrée, menthe marocaine, menthe lavande, menthe coq, menthe Mitcham.

IL VOUS FAUT

1 l d'eau de pluie

100 g de menthe fraîche
(= 20 g de plante sèche)

Un couteau

+

Une passoire

+

Une casserole
et son couvercle

SE SERVIR DU PIMENT CONTRE LES INDÉSIRABLES

D'AVRIL À SEPTEMBRE

Dans ses contrées d'origine – ou les pays fortement producteurs –, le piment est une solution naturelle traditionnelle utilisée par les paysans pour lutter contre la plupart des insectes indésirables. Seul ou en mélange avec d'autres extraits végétaux, il permet d'éviter les insecticides phytosanitaires classiques et toxiques.

EN PRATIQUE

- Mélangez dans un bol le piment en poudre et l'huile de colza. Battez avec un fouet jusqu'à ce que l'épice soit entièrement dissoute. Le mélange doit être rouge vermillon.
- Laissez macérer quelques heures puis battez à nouveau avant d'ajouter 1 cuil. à soupe de savon noir. Battez quelques minutes : le mélange s'éclaircit.
- Diluez peu à peu avec 25 cl d'eau tiède pour obtenir une émulsion totale.
- Utilisez immédiatement. Cette recette peut être suivie pour toutes les préparations à base d'épices en poudre contenant du piment.

UTILISATION

Pur en pulvérisation comme insecticide. Il débarrasse les plantes des pucerons, chenilles, altises, piérides du chou et acariens. En pulvérisation contre les doryphores au stade de larves et la pyrale du buis (au stade jeunes chenilles). À renouveler selon les besoins.

SECRET DE JARDINIER

Le piment contient de la capsaïcine, une molécule irritante pour les yeux et les muqueuses. Lors de la préparation et de l'utilisation des préparations épicées, protégez-vous en portant des gants, des manches longues, un chapeau, un masque et des lunettes, et ne faites aucun traitement les jours de vent.

On peut ajouter du piment à une préparation huileuse anticochenille à base d'huile de colza et la passer au pinceau sur les parties ligneuses des plantes.

IL VOUS FAUT

1 cuil. à soupe d'huile de colza

1 cuil. à soupe de savon noir liquide

1 cuil. à café de piment fort en poudre

25 cl d'eau tiède

Un bol

+

Un fouet

SOIGNER AVEC LE SAVON NOIR

AU BESOIN, TOUTE L'ANNÉE

Le savon noir est l'incontournable du jardinier. Fabriqué à base de potasse additionnée de matière grasse, notamment d'huile d'olive, il est totalement biodégradable. Il sert d'insecticide, de fongicide et de mouillant pour diverses préparations. Dans le commerce, côté jardin, on le trouve en pâte, sous forme semi-solide et un peu gluante, et côté maison, en liquide plus facile d'emploi (vérifier qu'il reste fidèle à la composition d'un savon noir et ne contient aucun additif).

EN PRATIQUE

➜ Mélangez au fouet 1 cuil. à soupe de savon en pâte dans un bol d'eau chaude (25 cl).

➜ Complétez avec de l'eau de pluie pour obtenir 1 l de préparation. Laissez refroidir et versez dans le pulvérisateur.

UTILISATION

Pulvérisez sur l'ensemble du feuillage, dessus et dessous, car les pucerons s'y cachent et les chenilles se drapent de vert pour être invisibles. Procédez plutôt le matin ou le soir, jamais en pleine journée sous le soleil, ni quand il pleut ou que l'orage menace ! À renouveler selon les besoins.

INDICATIONS

En insecticide, il est efficace mais assez doux pour être utilisé sur des plantes sensibles, comme les plantes d'appartement, et sur les jeunes plants. Il lutte contre les cochenilles, les pucerons, les araignées rouges, les thrips, etc., sur les arbres, les arbustes, les vivaces, annuelles et les plantes d'intérieur. En bactéricide, il lutte contre la fumagine induite par les pucerons, qui développe une sorte de moisissure noire sur les feuilles, bloquant la photosynthèse et entraînant leur chute. Le savon noir en vient à bout à la dose de 3 cuil. à soupe dans 5 l d'eau tiède. Nettoyez simplement le dépôt noirâtre avec une petite éponge.

IL VOUS FAUT

PRÉVENIR LES MALADIES DES FRUITIERS AVEC LE PURIN DE RAIFORT

D'AVRIL À JUILLET

Le raifort, mi-légume mi-aromatique appelé également « radis de cheval », est une plante vivace condimentaire très facile à cultiver et même un peu envahissante car son réseau racinaire se développe en force. Sa racine charnue, longue et épaisse, a une chair blanchâtre. C'est elle qui est le principal ingrédient des préparations à base de raifort, même si les feuilles y sont parfois intégrées. Son goût marqué rappelle la moutarde, en plus poivré.

EN PRATIQUE

- Arrachez les racines de raifort (500 g) à la fourche bêche et brossez-les sous l'eau afin de les débarrasser de la terre.
- Coupez-les le plus finement possible ou broyez-les.
- Mettez-les dans un seau en plastique (pas de récipient en fer) puis couvrez de 5 l d'eau de pluie. Brassez l'ensemble une fois par jour, pendant plusieurs jours.
- Couvrez d'une étamine et ajoutez un peu d'eau si le niveau baisse trop.
- Lorsque les bulles de la fermentation cessent à la surface, c'est terminé ! Filtrez à l'aide d'une passoire doublée d'un bas nylon.

UTILISATION

Le purin de raifort sert à combattre la moniliose du cerisier et d'autres fruitiers en l'utilisant régulièrement d'avril à juillet. Pulvérisez-le sur les arbres fruitiers dilué à 10 % (50 cl/5 l d'eau), en ajoutant 1 cuil. à soupe de savon noir ou d'argile verte afin de favoriser l'adhérence. Dilué à 5 % (5 cl/l d'eau), utilisez-le contre la fonte des semis, et à 10 % comme insectifuge.

À NOTER

Les racines du raifort étant faciles à récolter toute l'année, il vaut mieux refaire une préparation à chaque utilisation que stocker du purin en cave.

IL VOUS FAUT

500 g de racines de raifort

5 l d'eau de pluie

ne fourche bêche +

Un seau en plastique +

Une passoire +

Une étamine +

Un bas nylon

UTILISER LA TANAISIE COMME INSECTICIDE

JUIN/JUILLET

La tanaisie est une jolie vivace sauvage qui prospère en lisière de prairie, le long des fossés, sur les talus et en sol frais. On peut l'accueillir au jardin où elle crée de grandes touffes de fleurs dorées sur un feuillage moussu vert sombre à la très forte odeur de camphre. C'est un puissant insecticide, déjà connu au Moyen Âge. Comme elle ne livre pas facilement ses principes actifs, on l'extrait à chaud comme une infusion, mais après 24 h de trempage à froid. La tanaisie se cueille au tout début de sa floraison pour bénéficier au maximum de la force de ses principes actifs.

EN PRATIQUE

- Coupez finement 100 g de tanaisie fraîche (feuilles et fleurs), placez-la dans une casserole en inox ou en émail et recouvrez-la d'1 l d'eau de pluie froide. Laissez tremper 24 h puis faites chauffer doucement jusqu'à atteindre l'ébullition.
- Coupez le feu et couvrez d'un couvercle en inox afin de ne pas laisser s'échapper une partie des principes actifs. Laissez infuser jusqu'au refroidissement complet.
- Filtrez et utilisez après dilution. Dans le cas d'une utilisation de fleurs sèches, filtrez une seconde fois à l'aide d'un bas nylon afin de recueillir toutes les impuretés. Cette tisane ne se conserve pas et doit être utilisée dans les 48 h.

UTILISATION

Pour ses propriétés insectifuges : vaporisez diluée à 10 % (10 cl/l d'eau) lors des attaques de chenilles, de carpocapses, dans les vergers (en complément de la pose de pièges à phéromones). Comme insecticide, pulvérisez diluée à 20 % (20 cl/l d'eau) contre pucerons, altises, chenilles, etc. Elle s'utilise aussi diluée à 20 % comme fongicide en préventif contre le mildiou et la rouille.

IL VOUS FAUT

100 g de tanaisie fraîche (= 20 g de fleurs de tanaisie sèche)

1 l d'eau de pluie

Une cisaille ou un sécateur

+

Une casserole en inox avec son couvercle

+

Une passoire

PERTURBER LES INSECTES AVEC L'ARMOISE

EN JUIN/JUILLET

La grande famille des armoises fut connue avec l'absinthe et ses effets délétères sur le système neurologique. C'est une plante vivace buissonnante originaire d'Europe et du pourtour méditerranéen. En France, elle pousse dans les zones incultes du Sud-Est jusqu'au littoral atlantique. Son feuillage décoratif gris argenté, très odorant, et ses fleurs en minuscules capitules renferment la redoutable thuyone, qui lui confère des propriétés insectifuges et insecticides.

EN PRATIQUE

- Cueillez 100 g d'armoise fraîche (feuillage et épis floral). Coupez-la finement aux ciseaux et mettez à tremper 24 h dans une casserole en inox ou en émail en recouvrant d'1 l d'eau de pluie froide.
- Le lendemain, posez la casserole sur le feu avec un couvercle en inox afin de garder intacts les principes actifs, puis laissez mijoter à feu très doux pendant 20 min.
- Coupez le feu et laissez infuser jusqu'au refroidissement complet. Soulevez le couvercle et laissez glisser les gouttelettes de condensation dans la casserole. Filtrez. Conservez au frais en bouteille de verre teinté et utilisez sous 5 jours.
- Pour les chenilles, ajoutez 1 cuil. à soupe de savon noir pour bien fixer la préparation sous les feuilles.

UTILISATION

Diluée à 10 % (10 cl/l d'eau) en insectifuge lors des vols de papillons ou des invasions de pucerons, autant de fois que nécessaire. Diluée à 20 % (20 cl/l d'eau) en insecticide contre les pucerons, chenilles, piérides du chou et carpocapses, ou comme répulsif (limaces). Fragiles, les préparations simples avec des plantes sont à pulvériser le soir ou par temps couvert.

IL VOUS FAUT

100 g d'armoise fraîche

1 cuil. à soupe de savon noir liquide

1 l d'eau de pluie

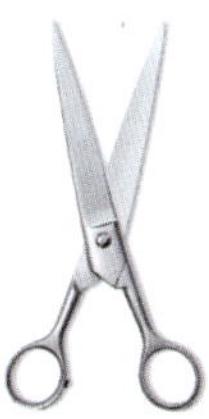

Des ciseaux

+

Une passoire

+

Une casserole en inox avec son couvercle

+

Une bouteille de verre teinté

PRÉPARER L'OIGNON PAR SOLARISATION

D'AVRIL À SEPTEMBRE

Comme pour les médicinales, on peut profiter des journées ensoleillées pour extraire les principes actifs des plantes sous l'action du soleil. C'est la méthode dite de solarisation. Pour l'usage au jardin, quelques heures de plein soleil suffisent à obtenir un traitement sans aucun équipement, avec seulement des oignons. Choisissez de gros oignons juteux, jaunes (Jaune des Vertus), rouges ou blancs.

EN PRATIQUE

- Utilisez 100 g d'oignon pour 1 l de préparation. Hachez-le finement avec sa peau et mettez-le à macérer dans 1 l d'eau de pluie, dans un grand bocal fermé.
- Exposez le bocal en plein soleil pendant une journée. À la fin, le mélange est couleur thé et sent très fort l'oignon.
- Filtrez dans une passoire garnie d'un bas nylon pour ôter toutes les fines impuretés. La préparation peut se conserver 24 h au réfrigérateur.

UTILISATION

Comme insectifuge : diluée à 20 % (20 cl/l d'eau) et pulvérisée au potager lors des périodes critiques, cette macération brouille les repères des ravageurs et limite leurs dégâts. Pur, employé en insecticide, le traitement permet de lutter contre les pucerons mais aussi les altises et les aleurodes. Il est à renouveler au besoin, parfois au bout de quelques jours pour les pucerons.

ASTUCE

L'ajout d'1 cuil. à café d'argile verte surfine ou de savon noir aide à fixer la pulvérisation sur le feuillage.

À NOTER

On peut préparer de la même façon comme insectifuge de la menthe poivrée, de l'ail, du piment fort écrasé, du gingembre et des fleurs de santoline ou d'hélichryse.

IL VOUS FAUT

1 l d'eau de pluie

100 g d'oignons

Une passoire

+

Un grand bocal avec son couvercle

+

Un bas nylon

PERTURBER LES INDÉSIRABLES AVEC LA SAUGE SCLARÉE

DE JUIN À AOÛT

Utilisée autrefois pour l'emballage et la préservation des tapis, lainages et fourrures, la sauge sclarée était connue pour éloigner mites, poux et puces. C'est une des meilleures plantes insectifuges, dont la floraison odorante en épis élancés de fleurs rose-violet marquées de blanc se remarque de juin à août. Son parfum violent à la fois camphré et poivré s'accentue avec l'avancée de la floraison. En se diffusant encore plus fortement au soleil, jusqu'à devenir entêtant, il perturbe les ravageurs en quête de leurs plantes favorites.

EN PRATIQUE

- À l'automne ou au printemps, préparez le sol à la griffe pour désherber et ameublir. Placez les pieds de sauge régulièrement espacés dans les bordures potagères et ponctuellement ailleurs.
- Plantez-les sans compost afin qu'elles soient plus concentrées en huiles essentielles. Si le sol reste trop humide en hiver, plantez sur butte ou mélangez des petits graviers à la terre de rebouchage.

INDICATIONS

L'entretien vise surtout à aider cette bisannuelle à se perpétuer. Ne rasez pas les tiges en juillet, après la première floraison. Ainsi, vous allez bénéficier d'une petite remontée en fleurs pendant tout l'été. De plus, les graines vont se disperser naturellement dans le jardin et s'y multiplier, amorçant ainsi un cycle de semis naturels qui, dans quelques années, vous fourniront un précieux contingent de jeunes plants à laisser en place ou à repiquer où bon vous semble. Coupez les tiges sèches au pied en fin d'hiver.

UTILISATION

Son effet perturbateur agit de façon générale, et en particulier sur les doryphores et les pyrales. Curieusement, les pollinisateurs comme les abeilles, bourdons et xylocopes en raffolent !

IL VOUS FAUT

Des pieds de sauge sclarée

Une griffe

CHASSER LES FOURMIS LE TEMPS D'UN CAFÉ

DE MARS À SEPTEMBRE

Le marc de café ne sert pas qu'à pronostiquer une saison d'abondance. Judicieusement recyclé, il sert de répulsif et de brouilleur olfactif dans les cultures, mais aussi de fertilisant pour les plantes de terrasse ou d'intérieur. Pour ceux qui boivent régulièrement du café, c'est une méthode simple et gratuite ! Les plantes de terre de bruyère, qui demandent un sol acide, vont particulièrement l'apprécier.

UTILISATION

➜ Anti-fourmis : lorsqu'elles sont près de la maison, les fourmilières sont souvent gênantes, car leurs habitantes nous envahissent dès qu'une odeur les attire. Pour brouiller leurs repères, disposez du marc de café sur leur parcours, à l'angle des portes d'entrée et des fenêtres. Si vous arrivez à repérer la fourmilière, recouvrez-la de marc de café. Versez un peu d'eau pour diluer et recouvrez d'une tuile pour éviter le lessivage par la pluie. Les fourmis vont abandonner la place. En cas de récidive, il suffit de remettre du café : elles finiront par renoncer !

➜ Répulsif à chats : les chats adorent gratter les semis, mais certains n'apprécient pas du tout l'odeur du café ! Dans ce cas, il suffit d'en mélanger aux graines lors du semis et d'en poudrer les emplacements sensibles.

➜ Répulsif à insectes et à limaces : sollicitez voisins et amis pour récolter une bonne quantité de marc de café avant de le répandre généreusement sur le sol dans les endroits envahis.

LE SAVIEZ-VOUS ?

La richesse en azote (2 %) et en sels minéraux (magnésium, potassium, etc.) du café en fait un engrais excellent, d'autant plus qu'il se décompose lentement et nourrit ainsi les plantes sur le long terme.

IL VOUS FAUT

De l'eau

Du marc de café

SECRET DE JARDINIER

Pour profiter de ses qualités d'engrais, videz le marc de café dans votre arrosoir. Ajoutez-y de l'eau froide (1 petite tasse de marc/l d'eau) avant d'arroser vos potées. Vous pouvez également l'ajouter au terreau de rempotage ou en paillage mélangé à des cosses de sarrasin.

APPÂTER LES LIMACES AVEC... LA BIÈRE !

DE MARS À OCTOBRE

Ah les limaces ! Ces bestioles gluantes qui ruinent un semis en une nuit et dévorent méthodiquement salades et choux ! Quand les répulsifs classiques comme la cendre en cordon protecteur ou l'infusion de noix de lavage ne suffisent pas, il ne reste que la solution de les occire pour s'en débarrasser. La bière rousse ou brune du commerce va servir d'appât et sera fatale aux limaces, qui en raffolent. Elles ont même une préférence pour les versions bien maltées !

UTILISATION

- Remplissez un ramequin (ou plusieurs) de 6 à 7 cm de profondeur avec de la bière.
- Placez-le au jardin, semi-enterré (2 cm dépassant de la terre), dans des lieux de passage intensif (près du tas de compost, des choux, de la salade, etc.). Les limaces vont se jeter dessus, se gonfler la panse et s'y noyer.
- Au bout de quelques jours, videz le tout sur le compost, et recommencez si nécessaire.

À NOTER

Ce piège, sans aucun impact négatif sur l'environnement, remplace les granulés de phosphate ferrique (Ferramol) qui éliminent les limaces sans danger, mais attirent un peu trop les souriceaux qui s'en délectent !

TOUJOURS TROP DE LIMACES ?

S'il y en a vraiment trop dans votre jardin, c'est que le milieu y est favorable. Dans ce cas, travaillez en préventif. Les limaces apprécient les sols frais et le couvert végétal. Leur rôle est d'aider à la décomposition des parties molles des plantes mortes. Pour qu'elles ne s'installent pas, évitez le paillage permanent dans les zones à protéger ; à l'automne, évacuez sur le tas de compost les amas en décomposition, comme une touffe de dahlia gelé ou des choux pourrissants, au lieu de les laisser sur place.

IL VOUS FAUT

SECRET DE JARDINIER

La chasse aux limaces se pratique souvent par temps pluvieux. Pour éviter la dilution de la bière, abritez le piège sous une tuile. Autre astuce : placez-le dans une boîte de récup' de viennoiseries percée de trous de quelques centimètres à la base pour permettre l'entrée des limaces.

RUSER POUR APPÂTER LIMACES ET ESCARGOTS

DE MARS À OCTOBRE

Pour appâter limaces et escargots, on peut exploiter leur penchant gourmand pour les épluchures de pamplemousse et de matières vertes, choux, feuilles de salades, de radis mais aussi courges et courgettes. D'autres mets plus exotiques les attirent également, comme la nourriture pour chats, le son de blé, la levure de bière et les flocons d'avoine ou… le coca !

EN PRATIQUE

➜ Version pamplemousse : récupérez des demi-pamplemousses évidés et découpez une ou deux ouvertures dans la coque. Posez-les sur le sol aux endroits de passage : les limaçons vont se coller dessous. Faites la tournée de ramassage tous les matins. Vous pouvez aussi remplir un demi-pamplemousse évidé de bière ou de coca et l'enterrer à moitié sur leur lieu de passage.

➜ Version tuile canal : limaces et escargots raffolent des cachettes. Les tuiles canal déposées ici et là dans le jardin sont idéales pour les attirer.

➜ Version vieille planche : les petites limaces grises adorent se nicher dans des rainures un peu pourries creusées dans le vieux bois. Vieilles planches, bouts de plancher, bûches pourrissantes font leur bonheur. Il n'y a plus qu'à les retourner pour les récolter.

➜ Version coin de tapis : posez sur le sol un carré de moquette ou de tapis usagé, en guise de cachette. À appâter avec leurs épluchures préférées !

TOLÉRANCE OBLIGATOIRE !

N'oubliez pas que limaces et escargots font le repas de nombreux auxiliaires comme le hérisson, le crapaud ou le carabe mais aussi d'oiseaux comme le merle ou la grive musicienne. Laissez-les donc en nombre suffisant pour assurer leur subsistance.

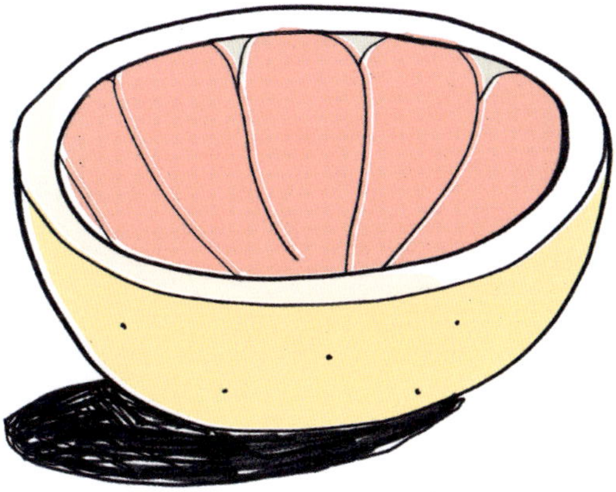

SECRET DE JARDINIER

Si les limaces persistent, sortez votre arme secrète : un canard, qui les traquera avec gourmandise jusque sous les feuilles. Il ne s'agit pas de le laisser patrouiller en pleine saison parmi les laitues, mais de prendre de l'avance et de le conduire avec vous au jardin lors des travaux de nettoyage de début de printemps ou à l'automne.

PRENDRE SOIN DES ARBRES

Nos arbres vivent le plus souvent en autonomie, bénéficiant des soins généraux du jardin (fertilisation et arrosage). Pourtant, quelques coups de pouce sont souvent bienvenus pour stimuler les arbres vieillissant ou soumis au stress (météo) ou à des accidents (orage, tempête). Quant aux arbres fruitiers, ils méritent des soins réguliers pour stimuler leur croissance, leur production et éviter la pression des parasites. La présence de poules s'avère précieuse pour lutter contre ces derniers. Quelques gestes simples qui peuvent même se pratiquer en famille pour transmettre aux enfants l'amour de ce patrimoine que représentent les arbres.

PRÉPARER UN BADIGEON STIMULANT

DE FÉVRIER À AVRIL

Beaucoup moins agressifs pour l'écorce des arbres que les badigeons à la chaux, les badigeons à l'argile sont des cataplasmes connus depuis le XVIIIe siècle sous le nom d'« onguent de Saint-Fiacre » pour leurs vertus réparatrices. On sait aujourd'hui que l'arbre a la faculté d'absorber des nutriments par un réseau de pores – les lenticelles – situés à la surface du tronc. Il est donc intéressant d'y appliquer un badigeon d'argile.

EN PRATIQUE

➧ Versez la quantité nécessaire de kaolin dans une bassine, creusez un puits et ajoutez de l'eau de pluie petit à petit à l'aide d'une cuillère en bois pour éviter les grumeaux.
➧ Pétrissez à la main en incorporant toujours doucement de l'eau. Prenez votre temps, le kaolin gonfle.
➧ Quand le mélange devient souple, ajoutez 1 cuil. à soupe de savon noir par litre de préparation pour éviter les craquelures. Laissez poser une nuit.
➧ Brassez à nouveau le lendemain et rectifiez la quantité d'eau si nécessaire. La base d'argile est prête à être badigeonnée à l'aide d'un pinceau.

UTILISATION

Ces badigeons protègent les jeunes arbres contre l'échaudure, le gel et les effets néfastes gel/dégel qui créent des lésions. Ils redynamisent les arbres faibles et les vieux arbres. Dans ce cas, on peut ajouter un extrait d'algues ou du jus de compost à la préparation (voir p. 25 et 70). Ils cicatrisent : pour les arbres blessés, ajouter de l'infusion d'achillée ou du purin de consoude (voir p. 74 et 62). Enfin, ils participent au bon état sanitaire de tous les arbres en étouffant les larves d'insectes cachées sous l'écorce.

IL VOUS FAUT (POUR UN ARBRE MOYEN)

De l'eau de pluie
(l'équivalent de 2 bols)

Du kaolin
(l'équivalent de 3 bols)

Du savon noir
liquide

Une cuillère en bois + Une bassine

SECRET DE JARDINIER

Pour définir la quantité de kaolin dont vous avez besoin, déterminez la taille de votre arbre : pour un arbre moyen, référez-vous aux quantités ci-dessus. Réduisez ou augmentez ces quantités si l'arbre est petit ou gros. Selon la provenance du kaolin, vous aurez besoin de plus ou moins d'eau pour former une pâte suffisamment lisse et épaisse – mais pas trop ! – pour être badigeonnée au pinceau. Fiez-vous à l'aspect de votre pâte !

SOIGNER AVEC UN BADIGEON INSECTICIDE

EN FÉVRIER/MARS OU OCTOBRE/NOVEMBRE
HORS PÉRIODE DE GEL OU DE FORTES PLUIES

Il arrive qu'un arbre souffre d'attaques récurrentes d'insectes. Le badigeon d'argile de base (voir p. 102) peut alors être complété par de la poudre de basalte et quelques gouttes d'huile essentielle insecticide qui va venir en soutien. Les meilleures huiles essentielles pour cette utilisation sont celles de camphre, menthe, ail et citronnelle de Java.

EN PRATIQUE

➧ Mélangez dans une bassine le kaolin et la poudre de basalte, en remuant bien pour obtenir une poudre homogène.

➧ Mélangez dans un bol 20 gouttes d'huile essentielle dans 1 cuil. à soupe de savon noir puis versez un verre d'eau tiède.

➧ Ajoutez cette émulsion à la préparation d'argile. Délayez en ajoutant petit à petit l'eau nécessaire tout en brassant à l'aide d'une cuillère en bois. La préparation finie est lisse comme un fromage blanc battu.

UTILISATION

Ce badigeon s'applique une fois par an, en période d'activité des arbres, afin qu'ils puissent en absorber les principes actifs. Évitez d'appliquer en cas de sécheresse ou de grand vent. Insecticide et fongicide grâce à sa teneur en silice, il lutte contre le puceron lanigère et tous les insectes et larves qui se cachent sous les écorces. Il lutte aussi contre le

SECRET DE JARDINIER

Les huiles essentielles ne peuvent pas être utilisées « brutes » car elles ne sont pas solubles dans l'eau. Réalisez une émulsion dans du liquide vaisselle bio ou du savon noir avant de les ajouter aux recettes.

chancre et les maladies cryptogamiques (moniliose, tavelure, etc.). Au besoin en cours de saison, vous pouvez compléter ce traitement préventif par des pulvérisations d'extraits fermentés ou d'infusions.

IL VOUS FAUT

20 gouttes d'huile essentielle (camphre, menthe, ail ou citronnelle de Java)

De l'eau

1 cuil. soupe de savon noir liquide

3 volumes de kaolin

1 volume de poudre de basalte

Un bol

+

Une cuillère en bois

SOIGNER À L'AIDE D'UN PANSEMENT À L'ARGILE

TOUTE L'ANNÉE SELON LES BESOINS

Les accidents n'arrivent pas qu'aux humains. Un arbre peut être blessé par un coup de tondeuse au niveau du tronc, un dérapage du taille-haie, mais aussi par le grignotage des chevreuils ou des lapins et les dégâts dus à un orage ou une tempête. Puissant cicatrisant, l'argile vient au secours de l'arbre blessé sous la forme de cataplasmes qui vont aider les tissus écorcés à se reformer.

EN PRATIQUE

- Mettez de l'argile verte ou du kaolin à gonfler une heure dans un bol d'eau tiède.
- Mélangez avec une cuillère en bois jusqu'à obtenir une pâte onctueuse.
- Ajoutez un concentré de micro-organismes, pour stimuler la cicatrisation : de la bouse de vache fraîche, 1 cuil. à soupe d'extrait d'algues, de jus de compost (voir p. 70) ou d'EM (micro-organismes efficaces).
- Mélangez en ajoutant l'eau nécessaire pour obtenir une pâte souple mais épaisse.

UTILISATION

Recoupez les lambeaux d'écorce à l'aide d'un greffoir afin d'obtenir une plaie nette (en cas de branche arrachée, coupez-la entièrement). Étalez le pansement en couche épaisse sur un carré de gaze plus large que la blessure et appliquez-le dessus.

SECRET DE JARDINIER

Les végétaux ligneux (arbres, arbustes) ne cicatrisent pas mais recouvrent peu à peu leurs plaies en grossissant en diamètre. Cette notion est essentielle pour comprendre le processus de réparation d'une blessure qui peut être long.

Pour une plaie importante, tartinez directement la préparation sur le tronc ou les branches. Recouvrez le tout d'une bande de tissu de coton ou de lin épais pour que le cataplasme reste humide le plus longtemps possible. S'il fait très sec, humidifiez-le de temps en temps à l'aide d'une éponge gorgée d'eau.

IL VOUS FAUT

ADOPTER DES AUXILIAIRES À PLUMES

TOUTE L'ANNÉE EN ROTATION

Les poules sont tendance et nous sommes nombreux à abriter un duo caquetant au fond du jardin. Elles dégradent les déchets verts et les convertissent en savoureux œufs frais. Mais elles sont également utiles en tant qu'aides-jardiniers, pour traquer les insectes nuisibles (œufs, larves), chenilles et limaçons. Il faut donc s'organiser pour leur offrir une vie nomade !

EN PRATIQUE

➧ Pour vivre en bonne santé, une poule a besoin de 20 m^2 à arpenter. Sa journée consiste à gratter inlassablement le sol à la recherche de toutes sortes d'insectes et notamment ceux qui s'en prennent aux arbres fruitiers (balanins, carpocapses des pommes et des poires). La lâcher en liberté n'importe quand et n'importe où reviendrait à ajouter un gros prédateur, alors qu'en la guidant dans le choix des parcelles à explorer, elle deviendra vite une auxiliaire zélée. L'astuce : lui offrir un poulailler mobile.

SECRET DE JARDINIER

Certaines poules sont plus aptes à la vie jardinière : optez pour les meusiennes, les faverolles et les marans. Veillez à les rentrer au poulailler tous les soirs, à l'abri des prédateurs !

➧ Déplacez-le tous les deux jours d'arbre en arbre, en suivant le rythme des saisons et le nettoyage après-cueillettes, autour du verger et jusqu'au potager. À l'automne et au printemps, vous pourrez même l'habituer à venir caqueter près de vous lors de vos travaux de nettoyage du sol, pour une sympathique assistance gratuite et écologique.

PARCOURS XXL

Si vous avez un grand verger enherbé, mettez en place un parcours sous les arbres à l'aide de filets tendus, en le déplaçant tous les 10/15 jours. Vos poules auront ainsi le temps d'explorer le sol pour le débarrasser des larves cachées.

ET CÔTÉ CANARDS ?

Le Khaki Campbell s'est « spécialisé » dans le nettoyage des limaces et insectes en goguette. Contrairement aux poules, il ne gratte pas et s'intéresse peu aux légumes. Comme il se montre sociable, invitez-le au jardin lors des travaux d'entretien.

PARTAGER UN MILIEU VIVANT

Pour limiter la pression des ravageurs au jardin, le moyen le plus efficace est de laisser intervenir les auxiliaires. Encore faut-il s'assurer qu'ils vont trouver de quoi y vivre et surtout s'y loger pour nous rester fidèles. Il faut bien reconnaître qu'à force d'entretien, nos jardins sont devenus des espaces maîtrisés, tondus, taillés net et même excessivement nettoyés, au détriment du milieu de vie de nos aides-jardiniers. Et c'est la crise du logement à tous les étages ! Pourtant, il est très simple de laisser quelques fagots de bois, des tas de feuilles mortes ou des débris au pied des arbres et en paillage. Oubliez de tailler les haies, laissez les arbustes s'exprimer librement, et vous créerez autant de cachettes potentielles pour les oiseaux. En quelques travaux de bricolage rapide, votre jardin deviendra un havre de tranquillité, un milieu vivant à partager, foisonnant de petites bêtes affairées.

CRÉER UN PETIT HÔTEL À INSECTES

TOUTE L'ANNÉE MAIS L'HÔTEL DOIT OUVRIR EN AUTOMNE !

Depuis quelques années, on voit fleurir partout ces drôles de petites maisons à insectes. Propices à la création en famille, elles se construisent en un week-end, après une balade en forêt ou un petit tour du jardin, le temps de glaner des matériaux. Un hôtel à insectes est une boîte de taille et de dimensions libres. Elle est généralement divisée en casiers remplis de matériaux divers, comme une boîte à curiosités. Pour être efficace, inutile de prévoir des réalisations sophistiquées, les insectes n'ont pas forcément les mêmes ambitions esthétiques que nous !

EN PRATIQUE

➔ Utilisez des planches de douglas ou de mélèze de la taille de votre choix et prévoyez des vis inox et un tournevis pour l'assemblage.

➔ Vissez d'abord le cadre, c'est-à-dire les deux montants, la planche du haut et celle du bas. Puis l'étage intermédiaire, éventuellement le suivant. Vissez des piquets sur les deux montants.

➔ Agrafez une toile goudronnée ou déposez de larges tuiles sur le toit puis aménagez différentes chambres en mariant matériaux et récipients de votre choix : boîtes remplies de fibres d'emballage, pots de fleurs, pommes de pin, tiges d'arbustes, morceaux de vieille natte de plage ou de carton alvéolé enroulé, petits tas de paille…

OÙ DONC ?

Un hôtel à insectes doit être au moins à 50 cm de haut, à l'abri des vents, de la pluie et des animaux domestiques. Privilégiez une exposition sud/sud-est pour un bon ensoleillement. Pensez également à la partie restauration en le plaçant près des sources de pollen et de nectar.

QUI VIENT DORMIR CE SOIR ?

Vous pourrez y observer des abeilles solitaires et divers hyménoptères comme les sphex, des coccinelles, des syrphes, des araignées, des mantes-religieuses, etc.

IL VOUS FAUT

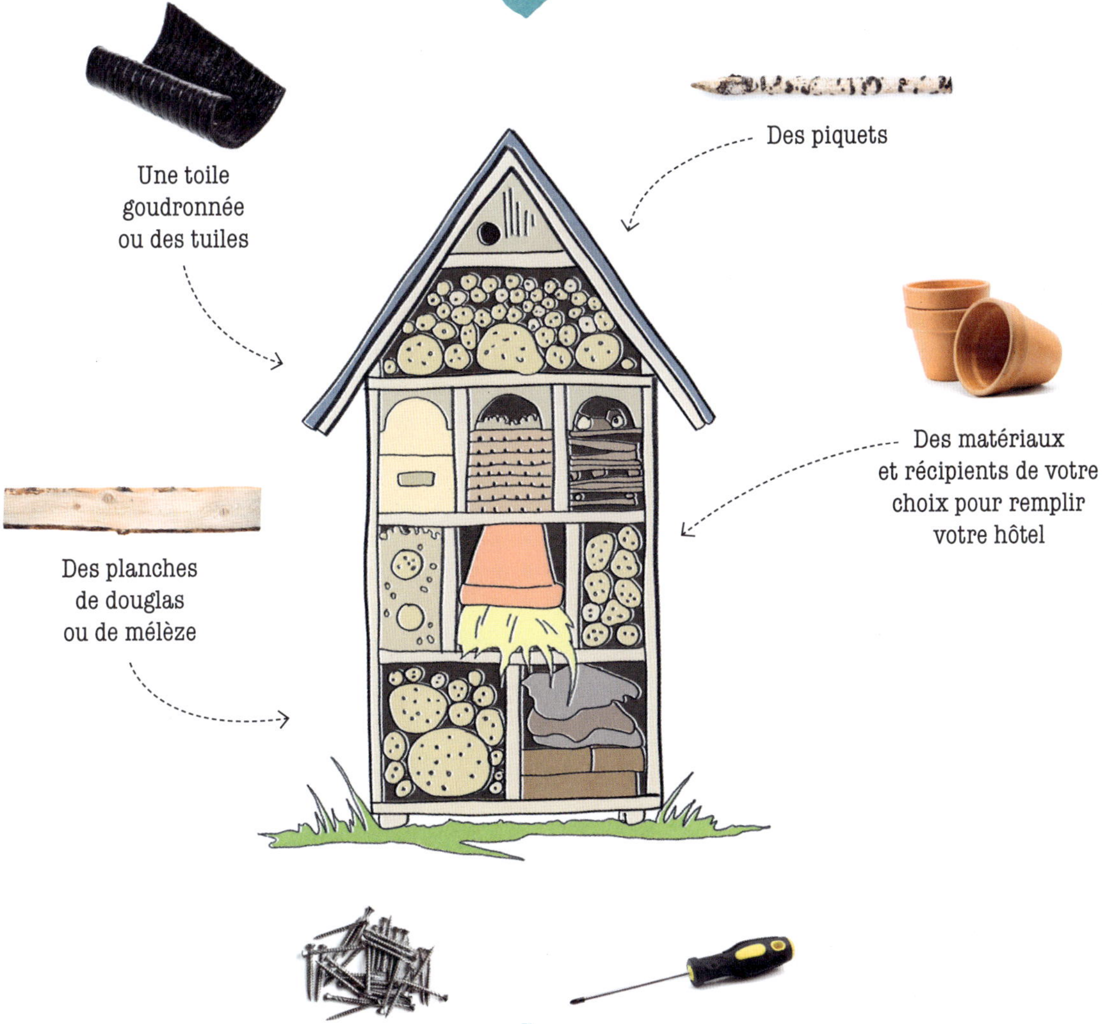

CONSTRUIRE UN NICHOIR À OISEAUX

TOUTE L'ANNÉE POUR LE POSER D'OCTOBRE À JANVIER

Les mésanges font partie des oiseaux les plus efficaces pour débarrasser le jardin des pucerons et chenilles présentes sur les arbres et les arbustes. Pour profiter de leur activité et compenser le manque de cavités comme les murs ou les troncs d'arbres – leurs habitats naturels –, installez des nichoirs. Ce modèle « boîte aux lettres », l'un des plus faciles à réaliser, est plutôt gratifiant car, si les mésanges fréquentent votre jardin, elles s'y installeront rapidement et reviendront tous les ans.

EN PRATIQUE

- Optez pour un bois non traité et naturellement résistant à la pluie comme le mélèze ou le douglas. Les planches de coffrage font très bien l'affaire à tout petit prix ! Munissez-vous d'une planche de L. 130 cm x l. 16 cm x Ép. 1,5 à 1,8 cm et découpez les pièces suivantes : 1 fond de 12 x 16 cm autour duquel vous vissez les 2 côtés de 20 x 18 x 16 cm. Puis le devant 18 x 16 cm et le dos 30 x 16 cm.
- Assemblez le toit 20 x 16 cm au dos en clouant une charnière souple constituée d'un morceau de cuir ou de chambre à air.
- Évidez le trou d'envol. Le diamètre varie selon les espèces : 27/28 mm pour les mésanges bleues, nonnettes et huppées, et 30/32 mm pour la mésange charbonnière.
- Peignez l'extérieur du nichoir.

INSTALLATION

Installez les nichoirs à une hauteur de 2 à 4 m à l'aide de sangles (ne les clouez pas !). Orientez le trou d'envol à l'abri des pluies et des vents

SECRET DE JARDINIER

Déposez dans la haie, accrochés aux branches, les matériaux nécessaires pour le garnissage des nids : restes de laine, poils de chiens, de chats, laine de mouton brute, plumes de poules, etc.

dominants, de préférence au sud/sud-est, à mi-ombre. Retirez-les pour un nettoyage complet chaque automne : enlevez les restes de nids et grattez à la spatule les dépôts de fientes. Vérifiez la bonne fixation des éléments et l'étanchéité des parois.

IL VOUS FAUT

Un morceau de cuir ou une chambre à air

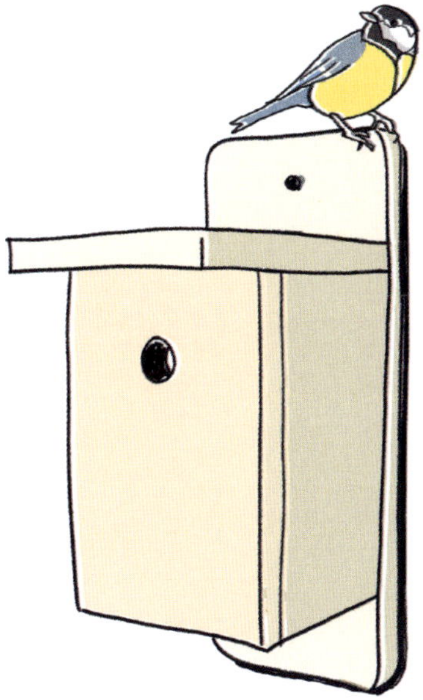

Une planche
L. 130 cm x l. 16 cm
x Ép. 1,5 à 1,8 cm
en mélèze ou douglas

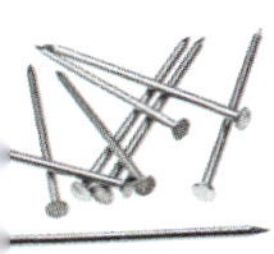

Des clous +

De la peinture à volets ou une lasure bio +

Un tournevis +

Des vis inox +

Des sangles +

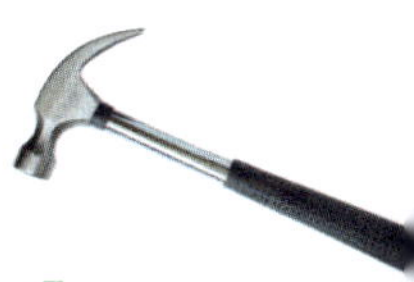

Un marteau

ÉDIFIER UN GÎTE À HÉRISSONS

DÈS LA FIN DE L'ÉTÉ ET À RAFISTOLER TOUS LES ANS

Les hérissons disparaissent hélas petit à petit de nos campagnes, victimes de multiples facteurs : accidents de la route, ravages des pesticides, destruction de leur habitat, etc. Pourtant, ils patrouillent encore un peu dans nos jardins, qui peuvent devenir des sanctuaires exempts de produits chimiques et dotés d'une abondante pitance (insectes divers, escargots, limaces, vers, campagnols, etc.).
Pour les attirer, le mieux est de leur confectionner un ou plusieurs gîtes pour passer l'hiver au chaud.

EN PRATIQUE

➜ Déposez une couche de bûches ou rondins de bois et bloquez-les à l'aide de piquets à chaque extrémité pour éviter qu'ils roulent.

➜ Sciez une ouverture de 10 cm dans le bas de la caisse retournée et placez-la sur les bûches. Recouvrez-la d'une bâche étanche style EPDM.

➜ Entourez la caisse de bûches pour obtenir un tas de bois de 50 cm de haut minimum.

➜ Déposez dans le fond de la caisse des feuilles mortes bien sèches, du foin ou de la paille. Laissez un tas de feuilles à proximité pour que le hérisson termine son installation. En cas d'hiver très pluvieux, recouvrez l'ensemble d'une bâche plus légère.

HÉRISSON EN GOGUETTE

Les hérissons ont la bougeotte et peuvent changer de gîte en cours d'hiver. Prévoyez plusieurs refuges en variant leur construction afin qu'ils aient le choix. Un impératif : un refuge au sec !

ATTENTION !

Ne brulez jamais de tas de feuilles, branches ou broussailles en hiver, ils peuvent être un refuge à hérisson !

IL VOUS FAUT

Des bûches
ou des rondins de bois

Des feuilles mortes,
du foin ou de la paille

Une caisse à vin

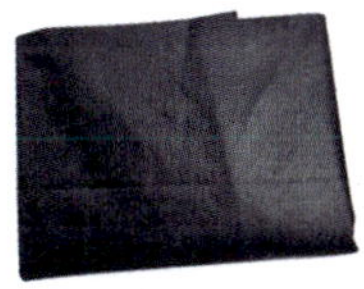

Une bâche EPDM

Une scie

+

Des piquets

MONTER UN NICHOIR À CHAUVES-SOURIS

À POSER EN FÉVRIER-MARS ET EN OCTOBRE (HIBERNATION)

Les pipistrelles que l'on observait chassant moustiques et papillons de nuit lors des soirées d'été s'éteignent peu à peu, pour diverses raisons : disparition des petites fermes, des arbres morts et des cavités naturelles, érosion de la biodiversité les privant de ressources alimentaires, usage des pesticides, etc. À l'échelle d'un jardin, il est possible de les attirer avec des haies naturelles et la présence d'arbres morts, mais aussi en installant des nichoirs.

EN PRATIQUE

- Dans la planche de douglas de L. 50 cm x l. 15 cm x Ép. 2 cm, découpez un fond de 50 x 15 cm à piquer au ciseau à bois pour créer des aspérités où les chauves-souris viendront s'accrocher.
- Munissez-vous d'un tasseau de 53 x 2 cm qui sera découpé ainsi : 2 x 18 cm + 15 cm. Vissez les tasseaux sur le fond (les 2 côtés + la partie haute).
- Vissez le devant 15 x 20 cm par-dessus les tasseaux. (La boîte présente un étroit espace de 2 cm dans lequel les chauves-souris vont se glisser.) Peignez l'extérieur.
- Emballez le dessus et l'avant d'un bout de bâche EPDM pour garantir l'étanchéité. Laissez bien la partie inférieure ouverte !

INSTALLATION

Vissez solidement les nichoirs entre 3 et 6 m de hauteur, à l'abri des vents. Pour le repos estival, accrochez-les en les orientant vers l'est, sur des troncs d'arbres, dans un endroit bien dégagé,

SECRET DE JARDINIER

Les pipistrelles utilisent ces abris seules ou en petit groupe, pour s'y réfugier, se reproduire ou se blottir pendant l'hibernation. Plus vous en poserez, plus le nombre de chauves-souris augmentera !

sous une avancée de toiture, le long du mur, ou dans une grange qui reste ouverte. L'hiver, elles préfèrent un abri orienté vers le sud/sud-ouest et posé dans un lieu à température plus constante (cabane de jardin en partie ouverte, cave ou grenier accessibles).

IL VOUS FAUT

Une planche
L. 50 cm x l. 15 cm x
Ép. 2 cm en douglas

Une bâche EPDM

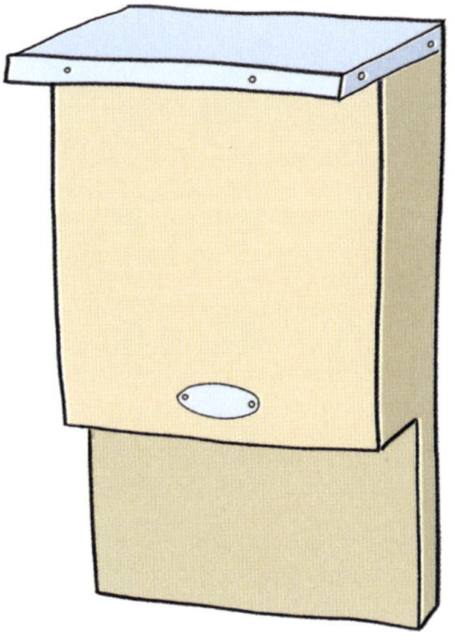

Un tasseau de 53 x 2 cm

De la peinture à volets ou une lasure bio

Un tournevis

Des vis inox

Une scie

Un ciseau à bois

CONCEVOIR UN ABRI POUR CRAPAUDS ET AMPHIBIENS

EN DÉBUT DE PRINTEMPS

Les amphibiens sont les grands oubliés des aménagements de jardin. Pourtant, crapauds, tritons, grenouilles et salamandres jouent un rôle important en nous débarrassant des moustiques, vers, limaces et de nombreux insectes. Pour favoriser leur présence, rien de tel qu'une mare, mais à défaut, l'entretien de milieux humides leur convient très bien car, pour la plupart d'entre eux, le point d'eau n'est nécessaire que lors de la reproduction. Ce dont ils ont besoin, c'est d'un peu de désordre ! Dans les jardins trop désherbés, taillés et tondus, ils ne trouveront jamais de cachette ou de lieu de passage sécurisé. Il faut donc jardiner différemment ! Voici quelques idées d'abris.

EN PRATIQUE

- Les corridors écologiques : ce sont des passages enherbés où l'herbe sauvage est conservée suffisamment haute pour que les animaux puissent circuler à couvert dans les différentes parties du jardin. Ils y trouveront également leur pitance.
- Le tas de broussailles, de petit bois mort pourrissant, de restes de broyat, de mottes de terre enherbées ou de compost : c'est un milieu paradisiaque pour les amphibiens, qui pourront s'y lover.
- La souche d'arbre : déposée au pied d'une haie et suffisamment pourvue de feuilles à la base, elle accueillera salamandres et tritons.

➡ La pierre : posée sur 4 cailloux, façon dolmen, elle formera une cachette universelle, facile à déplacer et à multiplier dans le jardin. Un lieu propice aux observations où se réfugient aussi bien le crapaud que son dîner.

SECRET DE JARDINIER

Pour une version améliorée du tas : tracez une forme arrondie au sol et matérialisez-la en plantant des piquets d'acacia de 60 cm de haut tous les 30 cm. Tressez sur ces piquets comme pour la vannerie d'un panier en utilisant des rameaux verts de noisetier, saule, troène, etc. Déposez à l'intérieur les débris du jardin en veillant à alterner des branchettes régulièrement.

BÂTIR UN ABRI À LÉZARDS

TOUTE L'ANNÉE

Quand on parle de l'accueil des auxiliaires, on oublie souvent qu'une partie d'entre eux résident dans le sable ! Ils ont besoin d'un lieu minéral, sec et se réchauffant au soleil pour y installer leur gîte et pondre leurs œufs. C'est un jeu d'enfant de les accueillir : des pierres, quelques cailloux et un tas de sable ! Attention toutefois, cette construction doit être très bien exposée (sud ou sud-ouest) dans un endroit dégagé et à l'abri des vents. Adossée au mur de la maison, d'une terrasse ou d'une dépendance, elle prendra la forme d'un carré cerné de pierres sèches retenant un tas de sable.

EN PRATIQUE

- Brouettez du sable et versez-le contre le mur de 0,80 à 1 m de haut.
- Empilez des pierres pour le maintenir sur les 3 côtés restants. Procédez sans liant, en calant les pierres les unes sur les autres comme un puzzle jusqu'à atteindre 50 cm de haut. Égalisez le sable dans le carré.
- Recouvrez le tiers de différents matériaux : ardoises ou dalles de pierres plates foncées (pour assurer le réchauffement rapide des lézards et l'incubation de leurs œufs pondus dans le sable), galets posés côte à côte, petits cailloux.

SECRET DE JARDINIER

Au fil des mois, des plantes vont s'enraciner dans le sable. L'effet peut être intéressant pour un jardin sec mais il perdrait sa fonction. Dégagez les dalles noires et la partie sable et cailloux centrale. En revanche, vous pouvez laisser une frange de verdure (géranium robert, chélidoine, carotte sauvage, graminées) où viendront se cacher les carabes.

UN PETIT PEUPLE ACTIF

Observez l'installation des abeilles des sables, des fourmilions dévoreurs de fourmis, des lézards verts et de murailles, mais aussi de l'alyte, un étrange petit crapaud qui s'enterre dans le sable et dont le son flûté rythme les soirées d'été.

IL VOUS FAUT

Du sable

Des ardoises ou des dalles de pierres plates foncées

Des galets ou des petits cailloux

Des pierres sèches

Une brouette

+

Une pelle

CREUSER UN BAIN D'OISEAUX

À L'AUTOMNE OU AU DÉBUT DU PRINTEMPS

Dans un petit jardin, rien de tel qu'un bain d'oiseaux pour fidéliser ses occupants et leur donner un coup de pouce en période de nidification ou de forte chaleur. Ce point d'eau peu profond sera visité régulièrement par les hirondelles et les passereaux, mais aussi par les amphibiens et de nombreux insectes (hyménoptères, papillons, etc.). Sa création en famille est une opportunité pour initier les enfants aux activités nature !

EN PRATIQUE

➜ Choisissez un emplacement bien dégagé pour ne pas mettre la vie des oiseaux en péril, notamment avec les chats. Comptez 3 mètres d'herbe tondue tout autour. Un arbuste pour se percher à proximité les aide à repérer le secteur et à se mettre rapidement en sécurité.

➜ Creusez à la pelle et à la pioche un bon mètre carré sur une profondeur d'environ 10 cm, en aménageant une pente douce pour leur faciliter l'accès. Tapissez d'un morceau de géotextile ou de vieux tapis pour préserver la bâche.

➜ Posez une couche de bâche de bassin (style EPDM) ou deux couches de plastique noir de récupération. Retournez les bords du plastique dans le sol et calez le tout à l'aide de pierres plates. Posez quelques cailloux qui serviront de poste d'observation.

SECRET DE JARDINIER

Pour bâtir leur nid au printemps et le consolider tout au long de l'été, les hirondelles ont besoin de boue. Dans un emplacement bien dégagé du jardin, entretenez une flaque d'argile boueuse dans un récipient. Elles pourront s'y approvisionner et partager avec d'autres oiseaux comme le merle, la sitelle ou la bergeronnette.

➜ Pour garder une eau de qualité, le bain d'oiseaux doit être nettoyé régulièrement : évacuez l'eau croupie en l'éjectant vers les massifs à l'aide d'un balai en paille de riz et remplissez avec de l'eau propre.

IL VOUS FAUT

S'OCCUPER DES COURS ET DES TERRASSES

Vivre agréablement au jardin, c'est profiter des espaces de détente que constituent cours et terrasses. Des lieux de détente qui ne sauraient être gérés différemment de l'ensemble du jardin et qui méritent des traitements naturels. Même si l'offre a aujourd'hui évolué avec des produits bio aptes à l'entretien de ces espaces, rien ne vaut la garantie des ingrédients du fait-maison ainsi que leur prix modique. C'est aussi une façon de joindre l'utile à l'agréable en développant votre propre créativité.

IMPERMÉABILISER LE BOIS

DE LA FIN DE L'HIVER AU DÉBUT DE L'AUTOMNE (PAR BEAU TEMPS)

Le bois apporte une note champêtre très agréable au jardin, que ce soit pour les portails, les palissades ou le mobilier. Certains bois vieillissent naturellement sans entretien, mais dans les petits jardins ou sur les terrasses, un entretien régulier est bienvenu. On peut fabriquer soi-même un imperméabilisant sur une base huileuse qui se rapproche d'une lasure.

EN PRATIQUE

- Mélangez les pigments avec un peu d'huile de lin dans un bol à l'aide d'une spatule et laissez « infuser » 1 h.
- Mélangez l'huile de lin et l'essence de térébenthine.
- Dans un bocal de verre, diluez peu à peu la pâte de pigments dans le mélange huile/essence. Remuez et filtrez au besoin pour obtenir une huile lisse. La préparation se conserve plusieurs années au frais dans un pot bien fermé.

UTILISATION

La mise en œuvre se fait toujours sur un bois sec et préalablement poncé au papier de verre 100 ou 120. Étalez au pinceau une première couche qui sert de sous-couche. Poncez quand c'est sec (48 h) et renouvelez l'opération une ou deux fois. Renouvelez l'application tous les 3 ans après un léger ponçage.

ATTENTION !

Laissez les fenêtres ouvertes ou, mieux, travaillez dehors. Ne jetez pas les résidus et chiffons dans les égouts ou dans le milieu naturel.

SECRET DE JARDINIER

Pour éviter la dégradation des claustras et des éléments de bois, la tradition usait du cuivre comme fongicide. La bouillie bordelaise ainsi utilisée en badigeon apportait une couleur turquoise.

IL VOUS FAUT

1/3 d'essence
de térébenthine

30 à 50 g de pigment
naturel (coloris au choix
ou en mélange)

2/3 d'huile de lin

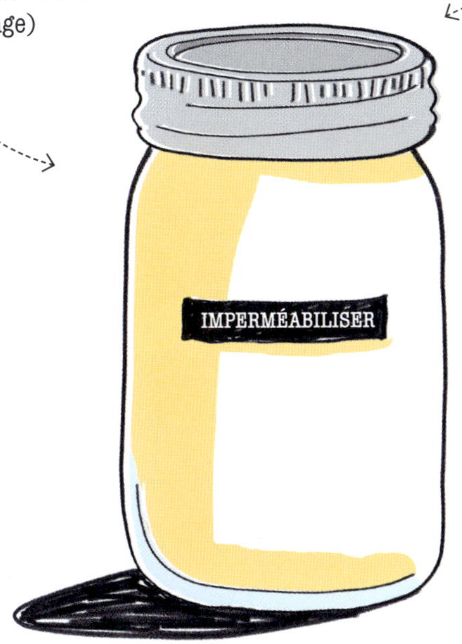

Une spatule

+

Un bol

FABRIQUER SA PEINTURE SUÉDOISE

DE LA FIN D'HIVER AU DÉBUT DE L'AUTOMNE (PAR BEAU TEMPS)

Peindre des éléments en bois au jardin permet de les protéger, d'apporter des notes colorées et de changer la déco au gré de nos envies.
Les peintures du commerce dotées d'une composition naturelle reviennent cher et la gamme des coloris n'est pas forcément étendue. Une solution : fabriquer sa propre peinture suédoise ! Résistante, anti-UV, mate et profonde, elle sert en finition pour décorer tous les bois extérieurs : clôtures, pergolas, portails, portes, bancs, cabanes… Elle protège le bois durablement et de façon naturelle. Elle n'est pas filmogène, il n'est donc pas nécessaire de la poncer pour repeindre et la rafraîchir.

EN PRATIQUE

➜ Versez la farine et 50 cl d'eau dans une casserole en inox ou émail tout en mélangeant. Portez à ébullition en remuant constamment. Réduisez le feu, ajoutez petit à petit le reste d'eau puis mélangez pendant 15 min (on obtient une colle à la farine).

➜ Ajoutez les pigments tamisés tout en battant énergiquement au fouet afin que le mélange n'attache pas, puis le sulfate de fer et l'huile de lin qui va donner sa résistance à la préparation. Faites cuire 15 min à petit feu en remuant. Ajoutez le savon noir en continuant de mélanger.

➜ Laissez refroidir puis videz la peinture dans un pot hermétique. À conserver au froid pour éviter la fermentation.

UTILISATION

Cette peinture s'applique sur un bois sec et poncé en 2 ou 3 couches en laissant bien sécher entre 2 couches. Rendement : 3 m^2/l. Si elle vous paraît trop pâteuse, ajoutez 10 % d'eau.

SECRET DE JARDINIER

Pour les bois tanniques (chêne ou châtaignier) qui dénaturent la couleur, passez plusieurs couches et évitez les teintes claires.

IL VOUS FAUT

4 l d'eau

350 g de farine

100 g de sulfate de fer

800 g à 1 kg de pigments naturels (ocres et terres colorantes)

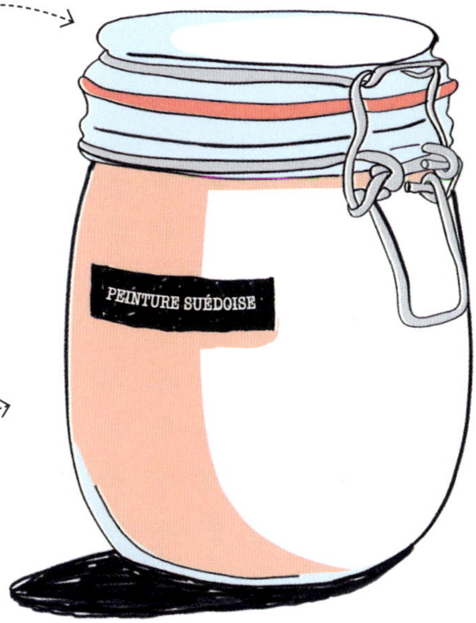

5 cl de savon noir liquide

1/2 l d'huile de lin

Un fouet

+ Une cuillère en bois

+ Une grande casserole

+ Un tamis

ENTRETENIR SON MOBILIER DE JARDIN

AU PRINTEMPS

Exposé aux intempéries et à la vie active du jardin, le mobilier de jardin est soumis à rude épreuve et paraît rapidement hors d'usage. S'en débarrasser serait un beau gâchis et un geste peu écologique. Faire des choix de qualité et entretenir ses meubles permet de les conserver pendant des années. À condition, bien sûr, de les nettoyer correctement, en abandonnant les produits issus de la chimie de synthèse, au profit de préparations maison et biodégradables.

EN PRATIQUE

➜ Les meubles légers en osier, bambou ou rotin se lessivent à l'eau chaude additionnée d'1 cuil. à soupe de savon de Marseille râpé et d'1 cuil. à café de vinaigre banc. Procédez par grand beau temps. Brossez rapidement en insistant dans les coins avec une brosse à dent saupoudrée de bicarbonate. Rincez soigneusement au jet d'eau et mettez à sécher.

➜ Les meubles de jardin en bois locaux (peuplier, sapin, mélèze) se lessivent au savon noir et à l'eau tiède. Rincez avant de laisser sécher. En finition, passez de l'huile de lin ou de chanvre additionnée d'un siccatif. Essuyez et laissez sécher 2 ou 3 jours. Un entretien annuel suivi d'un huilage permet de conserver ces meubles plus longtemps que ceux en PVC.

➜ Lavez tables et chaises en résine ou PVC avec de l'eau chaude additionnée de savon noir. Frottez à la brosse puis rincez. Si cela ne suffit pas, utilisez un abrasif doux, le

SECRET DE JARDINIER

Les bois à tanin noircissent à l'eau. Leur entretien sera facilité par une peinture suédoise (voir p. 130).

bicarbonate de soude, saupoudré sur une éponge humide. Procédez par mouvements circulaires. Sur les taches de moisissures, utilisez un mélange à base de bicarbonate et de jus de citron (1 cuil. à soupe de chaque diluée dans un peu d'eau) pour les dissoudre. Rincez puis séchez avec un chiffon doux pour lustrer.

IL VOUS FAUT (AU CHOIX)

ENTRETENIR SES POTS DE JARDIN

DE L'AUTOMNE AU DÉBUT DU PRINTEMPS

Pour éviter le vieillissement prématuré des poteries, il faut les entretenir. Dès que vous ne vous en servez plus, programmez un nettoyage. C'est aussi la meilleure façon de garder sa terrasse rangée et de prévenir les maladies car il n'y a rien de tel que des résidus de terre et de feuilles dans l'eau croupie pour conserver des germes pathogènes.

EN PRATIQUE

➜ Videz le contenu des pots dans un grand bac (qui sera dirigé vers le tas de compost). Raclez le fond et les parois à l'aide d'une petite truelle « langue de chat » ou d'une spatule. Mettez de côté les pots et bacs abîmés pour la déchetterie.

➜ Préparez une bassine remplie de 10 l d'eau chaude additionnée de 150 g de cristaux de soude (à manipuler avec précaution). Pour éviter toute irritation, portez des gants imperméables.

➜ Faites tremper les pots 15 min à tour de rôle et frottez-les énergiquement à la brosse de chiendent ou à l'éponge côté grattoir. En cas de dépôts importants de calcaire ou de traces d'algues vert foncé sur les pots de terre, brossez-les à nouveau avec une solution détartrante au vinaigre blanc (100 ml/l d'eau chaude).

➜ Rincez au jet et faites sécher au soleil.

INDICATIONS

Profitez de ce moment pour nettoyer également les soucoupes et le petit matériel de semis et repiquage. Entreposez le tout à l'abri. Ainsi traité et rangé, votre matériel durera plus longtemps et ne véhiculera plus de germes de maladies cryptogamiques.

À NOTER

Quand des marques blanches apparaissent sur les parois, il s'agit de dépôts de calcaire contenu dans l'eau d'arrosage. Préférez l'eau de pluie ou ajoutez 1 cuil. à café de vinaigre blanc à l'eau d'arrosage.

IL VOUS FAUT

150 g de cristaux de soude

10 l d'eau chaude

Une petite truelle

+

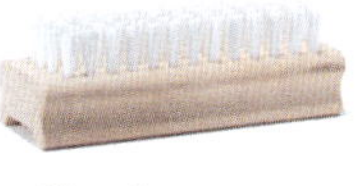

Une brosse ou une éponge à grattoir

+

Des gants imperméables

NETTOYER SA TERRASSE

TOUTE L'ANNÉE

En bois, dallées ou carrelées, les terrasses nécessitent un entretien régulier sous peine d'être envahies par des algues et des mousses qui les transforment en véritables patinoires ! Sans parler de l'aspect peu esthétique et de la dégradation qui s'installe peu à peu.

EN PRATIQUE

➜ Pour une terrasse en bois : balayez, à l'aide d'un balai en paille de riz, résidus et feuilles pour ôter le plus gros des salissures. Passez un coup de jet d'eau ou de karcher. Lessivez à l'aide d'une solution de cristaux de soude (1 poignée/l d'eau chaude). Brossez vigoureusement à l'aide d'une brosse en chiendent (jamais de brosse métallique !). N'oubliez pas de porter des gants. Rincez au jet d'eau.

➜ Pour les taches persistantes : fabriquez une pâte détachante en faisant fondre 200 g de cristaux de soude dans un peu d'eau tiède. Dans un saladier en verre, délayez 150 g de farine dans de l'eau chaude jusqu'à obtenir une pâte épaisse. Ajoutez les cristaux de soude dissous et mélangez. Laissez poser 1/4 d'heure. Appliquez la préparation au pinceau sur la tache. Laissez agir 30 min, frottez avec une brosse en chiendent et rincez à grande eau.

ATTENTION !

Les bois tanniques (chêne, châtaignier et certains bois exotiques) noircissent au contact des cristaux de soude. Faites toujours un essai !

POUR UNE TERRASSE EN PIERRE OU DALLÉE

L'entretien général se fait de la même façon que pour les terrasses en bois. Des taches noires peuvent être éclaircies en appliquant un peu d'eau oxygénée au chiffon. Pour les taches persistantes, utilisez la pierre d'argile. Déposez un peu de pâte sur une éponge et frottez d'un mouvement circulaire. Rincez.

IL VOUS FAUT (AU CHOIX)

DÉSHERBER SES ALLÉES

DU PRINTEMPS AU DÉBUT DE L'AUTOMNE (PAR BEAU TEMPS)

Le désherbage des cours et des allées est la bête noire des jardiniers. L'idéal serait d'avoir un maximum de surface enherbée, juste tondue ou fauchée. Mais il reste toujours des surfaces minérales plus « civilisées » où les mauvaises herbes deviennent vite indésirables. En réduisant ces surfaces, on peut plus facilement les désherber à l'aide de produits simples et biodégradables.

EN PRATIQUE

➡ Le gros sel : Il s'utilise sous la forme de sel de salaison pour la conservation des aliments (à acheter dans les coopératives agricoles). Procédez par temps chaud et sec, avant le plein été, quand il y a encore un peu de rosée le matin afin de débuter le processus de dissolution du sel. Jamais de désherbage au sel quand il risque de pleuvoir, c'est le meilleur moyen de brûler des plantes ! Versez le sel dans un grand seau et saupoudrez votre allée lentement sans déborder.

➡ Le bicarbonate : Il peut servir de désherbant des adventices annuelles car il brûle le feuillage des jeunes pousses. Travaillez par temps sec et sans vent. Saupoudrez l'allée. Passez un coup de jet d'eau pour que le bicarbonate fonde un peu. Les herbes grillent en quelques jours et l'effet persiste jusqu'à la future germination.

UTILISATION

Un saupoudrage régulier de sel élimine les adventices coriaces comme les chardons. Vous pouvez d'ailleurs verser du sel directement dans les tiges creuses. Pour les repousses d'arbres envahissants ou invasifs (acacia, ailante, sumac, robinier), salez la souche dès la coupe en forant des trous dans le bois. N'oubliez pas de traiter les repousses.

ATTENTION !

Faites un choix réfléchi sur les surfaces à saler car elles deviennent inaptes à la culture. Et pour tous ces travaux de désherbage, portez des gants étanches !

IL VOUS FAUT (AU CHOIX)

TABLE DES MATIÈRES

REMERCIEMENTS

Tous mes remerciements à mon éditeur pour avoir impulsé ce projet,

à Clémentine Dubernet pour son suivi attentif et sa disponibilité,

à Claire Morel Fatio pour la maquette et son trait de crayon qui a accompagné mon texte,

à Jean-François Lyphout (Fortiech) et Marceau Bourdarias pour nos échanges de connaissances.

Merci à l'association ASPRO-PNPP de tenir le cap dans sa détermination à collecter, expérimenter et faire reconnaître les bienfaits des traitements alternatifs aux pesticides.

Livre éco-conçu
Le papier choisi pour ce livre est issu de forêts gérées durablement et certifié.
En outre, soucieux de préserver l'environnement pour les générations futures, l'imprimeur se fournit en énergie issue uniquement de sources renouvelables, et il a obtenu les certifications PEFC, PFSC et Ecolabel. Cette préoccupation s' inscrit au cœur même de ses activités.

100% Renewable Energy Resources, the ones that won't run out

Certifié PEFC
Ce produit est issu de forêts gérées durablement et de sources contrôlées
PEFC
PEFC/18-32-03
www.pefc-france.org

Ouvrage publié sous la direction d'Aurélie Starckmann

Réalisation éditoriale : Clémentine Dubernet
Textes : Brigitte Lapouge-Déjean
Relecture et correction : Cyrielle Lodeho et Blandine Renard
Conception graphique et mise en pages : Claire Morel Fatio
Illustrations : Claire Morel Fatio
Photographies : © Shutterstock

Éditions Albin Michel
22, rue Huyghens, 75014 Paris
www.albin-michel.fr

ISBN : 978-2-226-45987-9
N° d'édition : 24390/1
Dépôt légal : mars 2021
Imprimé en Italie par Elcograf.